La Cromo-Terapia Simbolica e il potere del doppio trio di fondamentali

Re-interpretazione del significato dei colori secondo la
doppia triade di fondamentali dei colori

Con l'Originale Test Istantaneo dei Colori:
Le 11 Tavole

Metodo interpretativo basato sulla
Teoria della Piramide Cromo-Simbolica

Utilizzo del Test Istantaneo per scegliere i Fiori di Bach

Esercizi di Cromo-Terapia Simbolica
Blocco/Sblocco-Rotazione Antioraria
La Sala degli Specchi
Sesto Senso fra passato e futuro, un viaggio simbolico fra UV e infrarossi

Meditazione Cromo-Simbolica

Utilizzo pratico della Fisica Quantistica – Esercizi Entanglement

Colori e scelte nell'aromaterapia

Conoscersi Attraverso la storia Cromo-Emotiva dei DENTI

Raddrizzare i denti da soli con l'Attivatore e i Fiori Australiani

Saverio Caffarelli

Depositato presso la SIAE
Protocollo n. 23902DG del 7/05/2015

Editore: Medicalinformation.it
Via Ospedale, 85 – 09124 Cagliari
Tel. 070.684731
E-mail info@medicalinformation.it

Prima edizione: 2015 – Seconda edizione: 2022

Indice

3

PREMESSA

Se si beve un tè nero insieme al padre per sciogliersi dagli schemi rigidi che può aver trasmesso, e se ciò viene fatto con emozione e consapevolezza, si ha come esito un rilassamento e sensazioni positive e di libertà che stupiscono a fronte di una possibile reazione di eccitazione-nervosismo a cui potrebbero portare le sostanze contenute nel tè nero. Questa è la sintesi di un esercizio simbolico, riportato nel presente libro, dove l'utilizzo del colore, in questo caso del "non colore" nero, viene associato ad un'attività specifica trasformando le dinamiche sia emotive che fisiche che si vivono.

La Cromo-Terapia Simbolica è la nuova cura naturale per la salute psicofisica. Questa metodologia utilizza in stato di rilassamento i colori in modo metaforico e simbolico attraverso immagini e vari stimoli cromatici. Emerge la sinergia derivante dall'associazione di uno o più colori o immagini cromo-simboliche con concreti esercizi psicologici relativi all'elaborazione delle dinamiche emotive per il bell'essere e il benessere del corpo e della mente.

I colori sono onde elettromagnetiche, proprio come quelle del forno a microonde con cui si può cuocere il cibo. Ogni colore / onda elettromagnetica ha un suo significato psicologico, emotivo e simbolico, rispecchia specifiche caratteristiche di personalità e stimola determinate reazioni emotive. Essendo importante il valore simbolico del colore diviene altrettanto **essenziale distinguerne il significato se trattasi di colori fondamentali della materia o fondamentali della luce** con un utilizzo differente a seconda della dinamica emotiva su cui si va ad intervenire. Invece in tutti gli ambiti della cromoterapia che ho conosciuto non ho mai riscontrato attenzione a questa differenza fra luce e materia. Anche cercando nel web c'è chi porta l'attenzione agli uni o agli altri o ad un mix degli stessi senza considerare a quale "dimensione" appartengano.

Alcuni esercizi/concetti base ideati in vent'anni di ricerca sono:

- Blocco / Sblocco–rotazione antioraria; esercizio in rilassamento per intervenire sulle dinamiche emotive associate al bianco e al nero;
- La sala degli specchi; esercizio in rilassamento per una diagnosi/intervento su tutte le dinamiche emotive associate ai vari colori;
- Meditazione Cromo-Simbolica; esercizio in rilassamento che parte da alcune affermazioni enunciate in stato di piena attività mentale per poi sviluppare immagini creative in stato di rilassamento.
- Sesto senso, fra passato e futuro; esercizio in rilassamento con un viaggio interiore che va oltre il campo del visibile entrando nel simbolismo degli ultravioletti e degli infrarossi; tale percorso l'ho anche definito come "viaggio fra passato e futuro".
- Test "le 11 tavole colorate"; test istantaneo delle dinamiche emotive in atto utile a conoscersi meglio, ad individuare i colori con cui è importante svolgere

attività specifiche, a scegliere qualche esercizio psicologico e una combinazione adatta di fiori di Bach mirata a lavorare solo sulle dinamiche emotive associate alla base della piramide cromo-emotiva
- La piramide Cromo-Emotiva; sviluppata seguendo l'ordine di frequenza dei colori per avere indicazioni su quali dinamiche emotive più alla base possano, se non ben rinforzate ed equilibrate, destabilizzare quelle più in punta.
- Associazione Denti-Colori; la Cromo-Psicosomatica dei Denti o Cromo-Dentosofia per meglio comprendere i messaggi simbolici che manifestiamo attraverso i vari problemi ai denti. Come Raddrizzare i denti. Fiori Australiani per la cura e il raddrizzamento dei denti.
- Applicazione della teoria della Piramide Cromo-Emotiva ai Processi educativi: un esempio di intervento formativo rivolto ad educatori, insegnanti, animatori, formatori nel campo del sociale.
- La teoria della Piramide Cromo-Emotiva come guida nell'Aroma-Terapia
- La teoria della Piramide Cromo-Emotiva come guida alla scelta dei Fiori di Bach
- Riflessione: cuocere il cibo con i colori
- Esercizi basati sulla Fisica Quantistica. Entanglement e comunicazione a distanza

Cosa sono i colori

I colori sono onde elettromagnetiche, il sistema visivo umano è in grado di percepire e classificare le onde elettromagnetiche della frequenza compresa circa fra i 400 THz (rosso) e i 789 THz (violetto). Altri animali, per esempio gli uccelli, percepiscono anche altre frequenze e quindi è come se "vedessero" altri colori che noi non vediamo. Altri ancora, come i cani, vedono in bianco e nero. La visione del colore dipende quindi dal sistema visivo. Ciò che resta stabile è il fatto che si parla comunque di onde elettromagnetiche. Le diverse onde quando arrivano al cervello attraverso i nervi ottici stimolano parti differenti atte a specifiche funzioni. Ogni colore / onda elettromagnetica ha un suo significato psicologico, emotivo e simbolico e rispecchia specifiche caratteristiche di personalità.

È chiaro quindi che i colori interagiscono con la vita di tutti gli esseri viventi; è stato dimostrato, grazie alla teoria dei biofotoni, che le cellule emettono una luce colorata a bassissima intensità che consente una comunicazione infracellulare: il colore emesso diviene più scuro in presenza di disequilibri. Considerato che sia l'organismo umano sia tutto l'universo è vibrazione, energia elettromagnetica, possiamo usare i colori in modo consapevole, attraverso cibo colorato, luci colorate, occhiali colorati, abbigliamento, arredamento, immagini mentali, ecc., per poterci sollecitare a ritrovare il nostro equilibrio. In questo libro propongo alcuni esercizi da attuare in stato di rilassamento per utilizzare questa grande risorsa naturale dei colori.

Grazie alla teoria della piramide cromo-emotiva esposta in questo libro è possibile interpretare in modo approfondito il Test dei Colori "Le 11 Tavole" che ho ideato, sperimentato e revisionato seguendo i "principi base sui colori" proposti in un capitolo apposito.

La piramide cromo-emotiva prende ispirazione dalla piramide dei bisogni di Maslow: per soddisfare i bisogni più elevati come la auto-realizzazione è necessario prima adempiere a quelli base, come mangiare, bere, dormire. Allo stesso modo ci sono dinamiche emotive associate a specifici colori che richiedono di essere valutate ed elaborate prima di altre. L'ordine proposto dei colori non segue una teoria, piuttosto l'ordine naturale delle cose: le frequenze dei colori indicano la sequenza.

Studiando e approfondendo il significato dei colori mi sono reso conto che ci sono autori che parlano di essi riferendosi ai **"pigmenti"**, ovvero ai colori fisici come, per esempio, le tempere o l'inchiostro, altri si riferiscono ai **fasci luminosi**. Nel primo caso c'è chi considera come colori di riferimento quelli più usati dagli artisti e nelle scuole elementari: blu-giallo-rosso, mentre tecnicamente più precisi sarebbero quelli usati nelle stampanti: ciano-giallo-magenta. Mischiando due colori si ottiene un terzo colore ma esso è diverso se si parla di pigmenti uniti con metodo sottrattivo o se si tratta di fasci luminosi uniti con metodo additivo. Dedico un capitolo proprio a questa differenza e a spiegare il processo interattivo fra i colori in quanto esso è fondamentale metafora delle dinamiche emotive e dell'interazione fra azioni, emozioni, pensieri e sentimenti. Quindi un aspetto fondamentale che propongo in questo libro è la **considerazione contemporanea delle due triadi di fondamentali** la cui interpretazione non è stata presa in considerazione nei più importanti lavori sui colori come, a titolo di esempio, nel test di Luscher e in tutte le sue applicazioni. In questa seconda edizione si aggiunge il Violetto come ulteriore fondamentale anche se non viene utilizzato come colore primario per ottenere altri colori.

In tutte le descrizioni dei colori ho sempre trovato evidenziati sia aspetti positivi che negativi di ogni colore; nell'ottica della piramide cromo-emotiva i colori hanno solo aspetti positivi proprio come le emozioni che simboleggiano e le dinamiche dell'essere umano che rappresentano.

Anche il dolore ha valenza positiva: se mi brucio una mano poggiandola sul fuoco il dolore mi avvisa del pericolo. Gli aspetti negativi tradizionalmente descritti e associati ai colori e alle emozioni altro non sono che una **"Distorsione Cromo/Emotiva" causata dal bianco e/o dal nero ovvero dalle dinamiche emotive che essi rappresentano**. È Importante liberarsi dell'aspetto negativo: se sono arrabbiato, la rabbia "buona" sarà energia pura e semplice per difendermi, quella "cattiva" invece mi stimolerà a reagire in modo distruttivo e controproducente, per esempio con aggressività (nero) o tenendo tutto dentro fino a farmi venire un'ulcera (bianco).

Nella cromo-terapia classica i colori possono essere usati "fisicamente" come con luci, occhiali, minerali o cibi colorati ecc., oppure "mentalmente" attraverso esercizi in rilassamento con utilizzo di immagini mentali/emotive colorate.

Lavorare con i colori per vivere meglio significa intervenire sulle emozioni che essi rappresentano e che in quel momento sono bloccate, per esempio: blu/capacità di essere tranquilli e consapevoli di sé – giallo/capacità di essere creativi e gioiosi – rosso/capacità di essere passionali e attivi.

Per meglio orientarsi nell'uso dei colori al fine del ben-essere ho messo appunto una serie di principi base, all'inizio erano solo tre, con l'esperienza e la pratica sono giunto a stenderne sette riportati in un capitolo apposito.

Inoltre propongo l'utilizzo dei colori per un'area particolare della **psicosomatica: i denti**; ogni tensione emotiva può convogliare energie e sostanze chimiche in parti specifiche del corpo... anche nei denti: infatti nella bocca converge una notevole quantità di terminazioni nervose. Con l'associazione dente-colore si va a scoprire quali dinamiche emotive sono sottese allo specifico problema manifestatosi nel dente e ci si rende consapevoli di aspetti emotivi che si stavano trascurando o non affrontando adeguatamente.

Con i colori si cuoce il cibo
(anche se non è salutare! ...io lo sconsiglio)

Per comprendere la forza dei colori è importante ricordarsi che essi sono onde elettromagnetiche, proprio come quelle del forno a microonde con cui si può cuocere il cibo. La possibilità di cuocere i cibi con le microonde fu scoperta per caso negli Stati uniti da Percy Spencer, dipendente della Raytheon, mentre realizzava magnetron per apparati radar. Un giorno, mentre lavorava su un radar acceso, si accorse che una tavoletta di cioccolato che aveva in tasca si era sciolta.
Quando si parla del "campo del visibile" in realtà ci si riferisce all'effetto ottico di quella banda di radiazioni elettro-magnetiche che è capace di darci la sensazione di "luce"/colore.
Nelle bande "radio", le onde a lunghezza d'onda minore (micro-onde) hanno applicazioni anche in medicina, nella tecnologia radar, ecc.; esse **sono facilmente concentrabili in fasci stretti, e ciò permette** la direttività dei sistemi di rilevamento radar o **il riscaldamento localizzato** utilizzato in particolari terapie o per cuocere i cibi (con frequenza di 2,45 GHz) con i forni a microonde.

Segue una sintesi dei diversi tipi di onde elettromagnetiche.

Le onde elettromagnetiche tra frequenza e lunghezza d'onda

Raggi cosmici	Corpi celesti fuori dal sistema solare
Raggi gamma	Transizioni nucleari in corpi celesti, atomi radio-attivi e radioisotopi - Medicina nucleare - "Bomba" al cobalto
Raggo x	Corpi celesti; tubi speciali "a raggi x" - Diagnostica a raggi x, Dermoterapia a raggi x
Ultra-Violetto (UV)	UV Esterno 10-200nm (lampade speciali) UV lontano 200-300 nm UV Vicino 300-400 nm

Spettro ottico ("visibile")

"ottico"	Frequenza THz	Lunghezza d'onda nm
Violetto	668 – 789	380 – 450
Blu	631 – 668	450 – 475
Ciano	606 – 631	476 – 495
Verde	526 – 606	495 – 570
Giallo	508 – 526	570 – 590
Arancione	484 – 508	590 – 620
Rosso	400 – 484	620 – 750

Infrarossi (IR)	NIR = Near InfraRed (corpi caldi) MIR = Mid InfraRed FIR = Far InfraRed
Onde radio: Micro-onde	Radar Trasmittenti TV
Onde ultra-corte	Trasmittenti radio FM
Onde corte	Trasmittenti radio commerciali e militari in AM 10-200m
Onde medie	Onde medie commerciali 200-600m in AM
Onde lunghe	Onde lunghe commerciali 600-3000m in AM (500-100 KHz)

Le basi scientifiche della Cromo-Terapia Simbolica

Il neurofisiologo Stephen Michael Kosslyn ha stabilito mediante numerosi ed importanti esperimenti che il cervello lavora come un semplice computer e rallenta quando gli si danno tante cose da fare. Kosslyn ha anche dimostrato che il cervello e le simulazioni mentali che produce seguono le leggi del mondo esterno.

Per esempio se ci immaginiamo una pallina di gomma che rimbalza su un pavimento rigido vedremo la pallina, dentro la nostra testa, cadere sul pavimento e rimbalzare. E se prestiamo anche attenzione ai rimbalzi si noterà che la pallina tutte le volte che rimbalza arriva esattamente a metà strada in altezza rispetto al punto in cui è partita. La parte del cervello che viene attivata nel caso di questa simulazione mentale è la stessa che si attiverebbe se osservassimo una pallina rimbalzare. Questo stesso processo viene utilizzato da molti sportivi per ottimizzare i risultati, per esempio uno sciatore immagina prima il percorso, con tutti i movimenti da compiere, nella sua mente finché esso diverrà chiaro, preciso, ben delineato e "sicuro"... poi parte e la sua performance sarà frutto di un miglior utilizzo delle risorse.

Anche senza dimostrazioni scientifiche è facile per tutti credere ai telefoni cellulari che ci consentono di comunicare a distanza. Fra due cellulari le onde utilizzate non sono certo quelle meccaniche che fanno vibrare i nostri timpani, altrimenti sarebbero dei megafoni; tuttavia è chiaro che c'è una "conversione" da un tipo di onda energetica ad un'altra, infatti alla fine il telefono cellulare trasforma le informazioni "ricevute" in onde sonore "ascoltabili" dal nostro sistema auditivo. Se siamo in mezzo ad una folla che utilizza tanti telefoni cellulari quante informazioni sono "nell'aria"? il telefonino è strutturato per codificarle in base anche ad un "codice", ovvero in base ad un "numero di telefono". E il nostro cervello? E quello dei cani? Quante volte abbiamo sentito di cani che vanno alla porta ad aspettare il padrone anche se "non è ancora ora" che egli rientri e non possono aver sentito il rumore dell'auto perché sono andati alla porta di casa già qualche tempo prima che egli arrivasse? Quante volte abbiamo delle sensazioni che non ascoltiamo? ... c'è anche chi le ascolta! Pochi in verità.

Le onde elettromagnetiche sono utilizzate per cuocere il cibo, per trasmettere informazioni, per scoprire tracce sulla scena del crimine (ultravioletti), per il benessere del corpo o per il riscaldamento (infrarossi)... sono anche emesse dalle nostre cellule ad una bassissima frequenza creando uno scambio informativo infra-cellulare... se ci arriva uno stimolo luminoso di un certo colore esso stimolerà una parte del nostro cervello e delle relative sensazioni, così pure se lo "immaginiamo", proprio come dimostrato dagli studi di Kosslyn per esempio con la pallina che rimbalza.

Oltre alla equivalenza fra stimolo fisico (pallina che rimbalza) e immaginato (simulazione mentale) esiste l'effetto simbolico dello stesso; se per esempio si vuole stimolare un cotesto di libertà creativa per poter uscire fuori dagli schemi si può proporre alla persona di immaginare semplicemente di essere immersa in una luce gialla oppure aggiungere un'immagine simbolica proponendo un paesaggio in una bella giornata di sole; si possono proporre immagini a valenza collettiva come quest'ultima col sole oppure a valenza individuale inserendo oggetti anche in movimento. Per esempio una signora aveva l'idea fissa delle catene... proposi un immagine dove le catene erano tante e lei ci camminava su finché, come l'acqua scende nel lavandino, le catene sarebbero scese in una specie di "scarico" e la giornata sarebbe divenuta luminosa, con un bel sole raggiante. Durante la settimana successiva la signora eseguì una serie di azioni concrete nella propria vita a specchio di un senso di libertà, e lo fece con estrema semplicità, tranquillità e soddisfazione migliorando il rapporto col figlio, il quale a sua volta mostrò comportamenti più rispettosi di sé e degli altri.

La potenza delle onde elettromagnetiche/colori è così evidenziata dalla moderna tecnologia fra cellulari, radar, forni a microonde, apparecchi ad ultravioletti, pannelli a infrarossi, ecc.

Principi BASE sui colori

Per lavorare con i colori seguendo un approccio simbolico propongo come punto di riferimento per orientarsi: la piramide cromo-emotiva descritta più avanti e i seguenti sette principi base:

1) I Colori sono solo ed esclusivamente a valenza positiva.

2) Le Contaminazioni/Distorsioni negative, ovvero le controindicazioni dei Colori derivano dall'interferenza del bianco e del nero.

3) Anche il bianco e il nero possono avere effetti terapeutici positivi se usati secondo l'approccio omeopatico.

4) Per vivere bene i colori è necessario neutralizzare gli effetti del bianco e del nero, ovvero neutralizzare le dinamiche emotive negative che essi rappresentano.

5) Un equilibrio Cromo-Emotivo dinamico e fluido richiede la compresenza equilibrata di tutti i colori, ovvero di tutte le capacità ed emozioni di cui siamo naturalmente dotati.

6) Se è carente o se è troppo presente un colore/emozione più alla base della Piramide Cromo-Emotiva (alla base c'è il viola e a seguire secondo l'ordine crescente della lunghezza d'onda e calante della frequenza si arriva fino al rosso/magenta) allora i colori/emozioni/capacità più in alto sono instabili.

7) Le dinamiche descritte dall'interazione dei colori sono metafora di ciò che sono le dinamiche emotive e i rapporti fra le emozioni, i sentimenti, le azioni e i pensieri e quindi fra le diverse capacità.

7.1) L'interazione fra pigmenti colorati secondo la modalità sottrattiva è diversa dall'interazione additiva dei colori della luce rappresentando due realtà differenti di cui tener conto.

7.2) L'interazione fra i colori in presenza del bianco acquisisce un significato potenzialmente differente a seconda dell'equilibrio della persona: in una personalità ben integrata il bianco può rappresentare la stabilità e forza dell'unità della persona, in caso contrario sarà specchio di passività, bugie, sensi di colpa e quindi tutte le dinamiche emotive legate al bianco come descritto nel capitolo apposito.

In questo caso il bianco però sarà solo lo specchio materiale della "trasparenza", infatti a livello di fasci luminosi quella che è definita luce "bianca" in realtà è trasparente e comprende l'insieme di tutti i colori, mentre il bianco "materiale", come per esempio un foglio di carta, appare come tale perché riflette tutti i colori ma non ci si vede "attraverso".

Ciò che differenzia il mio lavoro sui colori ritengo sia proprio l'attenzione al punto 7, ovvero il dare importanza al modo in cui interagiscono i colori fra di loro ed in particolare considerando la differenza fra i fondamentali della luce, quali specchio di dinamiche sul piano emozionale / relazionale, e i fondamentali della materia, quali specchio di dinamiche razionali e pratiche.

I colori, le loro interazioni e la doppia triade di fondamentali fra pigmenti o fasci luminosi

Per poter usare i colori come metafora delle dinamiche emotive è importante conoscerli prima di tutto "fisicamente" e poi nel loro significato psicologico come riportato nelle pagine seguenti.

I colori di per sé non esistono: la luce è costituita da onde elettromagnetiche, i colori sono una interpretazione del nostro cervello delle diverse lunghezze d'onda della luce.

Quindi **i colori sono onde elettromagnetiche**.

Il bianco e nero non sono veri colori perché entrambi non esistono come fascio luminoso/onda elettromagnetica; il bianco è solo una percezione del nostro sistema visivo, in realtà invece è composto dalla contemporanea presenza di altre onde elettromagnetiche quali per esempio quelle del Blu-Verde-Rosso che raggiungendo il nostro cervello insieme vengono "lette" come bianco; il nero invece è assenza di onda elettromagnetica riflessa: i materiali neri trattengono tutte le onde e il cervello legge la mancanza di segnale come "nero".

Colori Fondamentali: sono i colori che non si possono ottenere con la mescolanza di nessun altro colore.

Colori primari: possono essere due o più colori usati per ottenerne altri. Non esiste nessuna combinazione di colori primari sufficiente a ottenere tutti gli altri colori, tuttavia i tre **fondamentali** maggiormente usati come **primari fra i pigmenti,** per esempio nelle stampanti (**ciano, giallo e magenta**) consentono di ottenere la più ampia gamma di colori possibile. Per la **luce,** per esempio nelle lampade per la cromo-terapia, i tre colori **fondamentali** usati come primari sono: **blu, verde e rosso.**

Colori secondari: sono ottenuti dalla mescolanza in parti uguali di due colori primari.

Colori complementari: partendo da tre fondamentali/primari e unendone due si ottiene un secondario che sarà anche complementare al terzo primario, per esempio, nei pigmenti, unendo giallo e ciano si ottiene il verde (vedi immagine seguente, parte destra) che sarà complementare al primario non usato, ovvero al magenta. I complementari se sovrapposti offrono effetto di massimo contrasto risaltando.

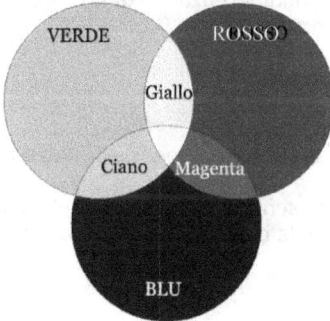

Metodo additivo: quando due o più stimoli elettromagnetici/colori raggiungono contemporaneamente il sistema visivo originando la percezione di un ulteriore colore.

Metodo sottrattivo: ogni materiale può trattenere o meno delle onde elettromagnetiche e riflettere quelle non trattenute; unendo più materiali, per esempio delle tempere differenti, ognuno "sottrarrà" qualche onda e il risultato finale sarà uno stimolo visivo offerto dalle specifiche onde riflesse.

La doppia triade dei fondamentali: i colori secondari della luce sono anche i colori primari/fondamentali dei pigmenti e viceversa: i secondari dei pigmenti sono anche i primari/fondamentali della luce.

L'immagine seguente esplica in modo grafico l'interazione fra i fondamentali nelle due triadi.

TRIADE della LUCE Interazione fra **fasci luminosi** (**Piano Emozionale**)	**/**	**TRIADE della MATERIA** Interazione fra **pigmenti** (**Piano Materiale**)

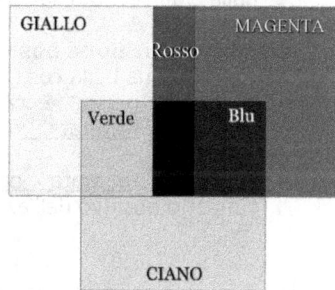

Metodo Additivo	**Metodo Sottrattivo**

13

L'utilizzo degli artisti del colore blu e rosso in sostituzione al ciano e magenta sembrerebbe un tentativo inconscio di riavvicinarsi ai fondamentali della luce che rappresentano la sfera emozionale più coerente con un modo di essere libero e creativo tipico degli artisti stessi.

Esempio di conseguenza dei principi base dei colori sulle EMOZIONI

Una conseguenza del primo principio base è la comprensione dell'errata definizione di alcune emozioni dette "negative" e che per questo si tende spesso a soffocarle. Se sono arrabbiato, la rabbia "buona" sarà energia pura e semplice per difendermi, quella "cattiva" mi stimolerà a reagire in modo distruttivo e controproducente, per esempio con aggressività (nero) o tenendo tutto dentro fino a farmi venire un'ulcera (bianco).

Bisogna distinguere fra:
- emozione positiva/spiacevole (come rabbia, tristezza...) "giusta" o "alterata"
- emozione positiva/piacevole (come gioia, allegria...) "giusta" o "alterata"

ESEMPIO emozione positiva/spiacevole
Un cane sta per mordermi:
- Emozione "giusta": paura/calma, mi difendo / mi proteggo.
- Emozione "alterata" dal nero: paura/rabbia, movimenti scoordinati, morso del cane!
- Emozione "alterata" dal bianco: indifferenza... "tanto non succede nulla", qualcuno ti salva o vieni morso!

ESEMPIO emozione positiva/piacevole
Ho fatto una bella cosa per me...
- Emozione "giusta": eccitato / contento
- Emozione "alterata" dal nero: agitazione... pensieri negativi: cosa succederà adesso?...
- Emozione "alterata" dal bianco: sentirsi "normalmente"... sminuire l'impatto positivo dell'azione piacevole o sentirsi in colpa, o confusi.

14

I complementari:
esempio di interazione metaforica fra i colori

I colori complementari risaltano fra loro solo se sovrapposti. Sul piano materiale dei pigmenti invece la loro unione, anziché sovrapposizione, converge verso il grigio, ciò avviene, metaforicamente parlando, in presenza del bianco o del nero, ovvero quando sono presenti le dinamiche emotive associate al bianco e nero. Simbolicamente **se c'è la presenza delle dinamiche bianche** (vedi significato del bianco nel capitolo apposito) significa che **c'è confusione e quindi la contemporanea presenza di due complementari anziché rinforzarsi** (principio base 5) **si annulla** (principio base 2). L'effetto finale in caso di presenza del nero anziché del bianco è pressoché simile ma avviene con un processo differente: l'interferenza viene messa in atto non con la confusione ma con la rigidità, con gli schemi fissi di riferimento. Siamo infatti anche fisicamente predisposti a vedere con gli occhi grazie ai contrasti e al movimento; per esempio quando si ha lo sguardo "perso nel vuoto", fissiamo qualcosa ma non stiamo vedendo nulla: avviene perché mancano i micro movimenti oculari; così se ci si "fissa" con un comportamento o un atteggiamento o una soluzione senza essere flessibili siamo nel campo del nero e anziché rinforzare l'effetto delle nostre capacità le stiamo inibendo.

Possiamo osservare di seguito le coppie di complementari e notare come sul piano materiale l'aspetto simbolico di "rinforzo" fra essi converge in un senso di dipendenza dai risultati per poter essere felici, mentre sul piano emozionale i risultati pratici appaiono come conseguenza di un benessere interiore. Per meglio comprendere tale direzione ricordo che le coppie di complementari sono costituite da un fondamentale e da un secondario che si rinforzano a vicenda, nell'analisi simbolica che propongo di seguito faccio emergere, quale direzione di rinforzo, quella che va dal fondamentale verso il secondario.

Ciano (fondamentale nella materia) **– Rosso** (secondario nella materia: giallo più magenta)
Sul piano materiale l'unione del giallo col magenta produce il rosso: come se una persona creativa (giallo) e soddisfatta sul piano materiale (magenta) possa essere anche soddisfatta a livello relazionale/emotivo (rosso) e tale soddisfazione sarebbe rinforzata dalla serenità materiale (ciano): le dinamiche sul piano materiale mettono in evidenza un processo di dipendenza: il fondamentale ciano, quindi la serenità materiale, sarebbe la base di rinforzo per poter essere felici insieme agli altri, piuttosto che il contrario.
Ciano (secondario emozionale: blu più verde) **– Rosso** (primario emozionale)
Invece **sul piano emozionale** è il rosso il colore fondamentale, quindi è la capacità di sapersi godere il rapporto con gli altri e di essere passionali a offrire sostegno alla serenità materiale (ciano); tale serenità sul paino materiale sarà

ottenuta dall'unione sul piano emozionale di consapevolezza di sé/serenità emotiva (blu) + sicurezza di sé (verde).

Giallo (fondamentale nella materia) – **Blu** (secondario nella materia: magenta più ciano)
Sul piano materiale l'unione del magenta con il ciano produce il blu: come se una persona tranquilla sul piano materiale (ciano) e capace di godersi le cose concrete (magenta), possa trovare consapevolezza e serenità emotiva (blu). Tale serenità sarebbe anche rinforzata dalla capacità di essere creativi (giallo): appare qui un senso di dipendenza della serenità emotiva (blu) dalla capacità creativa (giallo).
Giallo (secondario emozionale: rosso più verde) – **Blu** (primario emozionale)
Sul piano emozionale invece la creatività (giallo) sarà una conseguenza della capacità di essere passionali e di godersi le relazioni (rosso) + la sicurezza in sé stessi (verde) e sarà rinforzata dalla consapevolezza di sé e serenità emotiva (blu).

Magenta (fondamentale nella materia) – **Verde** (secondario nella materia: giallo più ciano)
Sul piano materiale (pigmenti) l'unione del giallo con il ciano produce il verde che sarà quindi il complementare del magenta: come dire che una persona creativa (giallo) e con tranquillità sul piano materiale (ciano) avrà come conseguenza una buona autostima (verde); tale autostima sarà "complementare", ovvero rinforzata, dal provare soddisfazione e piacere relativamente al raggiungimento di risultati concreti (soldi, cibo, comprarsi un vestito...); da notare che sul piano materiale è il magenta il colore primario che può favorire il rinforzo del verde che invece è un secondario, indicando quindi una direzione di dipendenza dai risultati: più soddisfazione materiale ottengo (magenta) più sarò sicuro di me (verde).
Magenta (secondario emozionale: blu più rosso) – **Verde** (primario emozionale)
Invece **sul piano emozionale** è l'unione del blu con il rosso a originare il magenta che sarà quindi un secondario e anche complementare al verde che invece è un primario: quindi è come dire che una persona serena con buona consapevolezza di sé (blu) e contemporaneamente passionale ed in grado di godersi le emozioni e i rapporti con le persone (rosso) sarà predisposta a godersi anche le cose materiali (blu+rosso= magenta); questa predisposizione sarà facilitata nella sua espressione da una buona fiducia in sé stessi (verde, fondamentale della luce complementare al secondario magenta).

16

Significato dei Colori nella loro accezione puramente positiva e collegati al Test

A metà strada tra le radiazioni ultraviolette (UV)
e le radiazioni infrarosse troviamo le
radiazioni solari visibili (fotoni),
ovvero ciò che comunemente chiamiamo "colore"

Per capire meglio i principi base sui colori, poter usare bene gli esercizi proposti e interpretare bene il test è molto importante conoscere il significato simbolico di ogni colore e di come esso può interagire con gli altri colori o come può essere distorto dalle dinamiche bianche e/o nere. Di seguito il significato dei vari colori.

VIOLA / VIOLETTO

Il **Viola** è il primo colore alla base della Piramide Cromo-Emotiva ed è composto dalla mescolanza fra i colori della "punta" più calda della gamma dei colori (attività e passione) e la "base" più fredda (consapevolezza/tranquillità emotiva/volontà), come dire: "mi Attivo Tranquillamente", quindi **è il colore del cambiamento, della transizione, della trasformazione e della capacità di prendere decisioni.** Rappresenta anche l'**ATTO-di-VOLONTA'** in termini di accordo fra la nostra capacità di agire (rosso) e di essere consapevoli della nostra volontà (blu). Predispone a vivere positivamente il passaggio dal malessere al benessere e il cambiamento in generale. E' il colore con la più bassa lunghezza d'onda e quindi con la maggior frequenza, ha l'energia più alta dello spettro visibile: la carica necessaria per stare alla base della Piramide Cromo-Emotiva e sostenere tutti gli altri colori/emozioni. Mentre il Giallo, che rappresenta principalmente creatività e libertà, ha aspetti dinamici il Viola rappresenta soprattutto la predisposizione al cambiamento senza per questo dover necessariamente cambiare subito. Rappresenta la comunicazione fra la sfera delle emozioni associate a "qualcosa" (punta calda – rosso/magenta) e quella delle emozioni pure e semplici che esistono "a prescindere" (base fredda – blu/ciano). Mentre gli altri colori sfumano uno nell'altro, fra il viola e il magenta c'è il campo del non visibile, quindi questa comunicazione non è pienamente consapevole, piuttosto è inconscia e siccome le emozioni non hanno tempo diverse informazioni fluiscono in questo scambio comunicativo portando ad agire talvolta in modi apparentemente inspiegabili, almeno a livello razionale. Il Viola quindi rappresenta l'esito conscio e visibile di una comunicazione ben più ampia che si sviluppa su un altro livello.

Se manca il viola nel test vuol dire che c'è un rifiuto per i cambiamenti che può essere originato dalla paura per le novità (per esempio se esce il nero o se manca il giallo) o per stanchezza a seguito di troppi cambiamenti (per esempio quando escono molto ripetuti il blu, ciano e verde a discapito dei colori caldi).

Se invece esce più volte indica una sorta di impazienza o comunque una necessità impellente di cambiamento. Se presente anche il nero l'impazienza diventa anche ansiosa e indica il fatto che il cambiamento voluto è in realtà anche temuto: "cosa succederà se riuscirò in questa cosa?". Tuttavia tale paura non è sempre consapevole ma c'è ed è importante rendersene conto perché il motivo per cui ancora non si è riusciti nei propri intenti è proprio lì!

IL VIOLETTO anche se non è incluso nel test è un colore fondamentale: non si può ottenere dalla mescolanza di nessun altro colore. Di base ha gli stessi significati del viola ed è molto simile come colore allo stesso viola. La differenza più importante è che il **violetto rappresenta la nostra decisione "prima di nascere e incarnarci", è il collegamento con la nostra "coscienza", la nostra missione di vita, il senso della nostra esperienza terrena.** Il viola è più "cambiamento", mentre il violetto è più **"trasformazione"**. Questi valori e significati sono tutti racchiusi nel test dei colori col colore "viola". Quindi la capacità decisionale inclusa nel viola richiama anche il sapersi collegare alla nostra essenza energetica / coscienza.

BLU

Il Blu, colore primario della luce quindi della sfera emotiva. È associato alle emozioni pure e semplici che esistono senza la necessità di un motivo particolare. Rappresenta le più sincere e profonde volontà. Favorisce tranquillità, calma e serenità predisponendo alla riflessione, all'introspezione, alla concentrazione e alla piena consapevolezza di sé; è il colore del mare che simbolicamente rappresenta l'inconscio; **l'Indaco** (Blu scuro/violetto) invece può essere ottenuto con approssimazione unendo metà blu e metà viola, mentre in realtà è un altro colore "primario" che esiste in natura, rappresenta l'intuito.

La mancanza del blu nel test indica che si è distratti da qualcosa e si sono persi di vista i propri desideri riferiti alla sfera emotiva, ovvero le proprie volontà.

Se il blu esce più volte indica una consapevolezza di se e della propria volontà che oscilla verso dubbi e incertezze: "sarà veramente questo ciò che voglio?", ciò da origine a preoccupazione e mancanza di serenità.

CIANO

Il Ciano è un colore secondario della luce e primario dei pigmenti. Come il blu rappresenta tranquillità, introspezione e i desideri ma su un piano materiale.

Se nel test manca il ciano vuol dire che si sono persi di vista i propri e più profondi obiettivi concreti e materiali.

Se il ciano si ripete più volte indica come per il blu oscillazioni e incertezze su ciò che si desidera, ma riferito ad obiettivi materiali. In questo caso i desideri diventano trappole e l'oggetto del desiderio perde valenza mentre emerge quale trappola quella di "desiderare di avere quel desiderio" che non dovrà essere esaudito pena la perdita del piacere che si prova nel desiderare qualcosa.

VERDE

Il Verde, fondamentale della luce, è il colore della vegetazione, della natura e in particolare della clorofilla e richiama facilmente il concetto di Forza Interiore con sensazioni di solidità, stabilità, e costanza. Da un punto di vista psicologico si può parlare di autostima. Sul piano emotivo, essendo un colore fondamentale della luce, indica il senso di una assoluta ed inattaccabile forza interiore di cui disponiamo. È anche un colore inerente i processi cognitivi, in particolar modo riferito ai pensieri creativi astratti / creatività emotiva. Sul paino materiale il verde è composto dalla mescolanza in parti uguali di Ciano (Tranquillità/Consapevolezza materiale) e Giallo (Creatività/Libertà), come dire: "Tranquillamente Libero e Creativo" posso "Credere in Me", ovvero denota fiducia verso l'interno/se stessi in antitesi all'arancione che esprime fiducia verso l'esterno. È Complementare al Magenta (Passione/Attività materiale) perciò si rinforzano a vicenda le caratteristiche: la Forza del Verde risalta la Passione del Magenta e viceversa.

La mancanza del verde nel test indica carenza di autostima. La ripetizione invece indica dubbi ed eccesso di pensieri: "so di essere capace, ma se è così perché allora non riesco a...". Ciò in cui non si riesce si può individuare in base agli altri colori usciti o mancanti.

GIALLO

Il Giallo, colore primario della materia, stimola un senso di libertà e ricerca del nuovo, associato prevalentemente al concetto di creatività concreta/pratica. È invece colore secondario della luce e deriva dall'unione di autostima (verde) e passione emotivo/relazionale (rosso); infatti rispetto al viola che predispone al cambiamento "tranquillamente" il giallo è più sbilanciato verso la punta calda e quindi ha una componente più ricca di movimento e dinamicità favorendo non solo l'individuazione di soluzioni creative ma anche la loro attivazione.

E' il colore del sole, caldo, allegro, e creativo. Esprime quindi la ricerca di cambiamento creativo e di liberazione dagli schemi.

L'assenza del giallo nel test indica un blocco della creatività e una stasi negli schemi di riferimento. La presenza ripetuta invece indica una ricerca a tutti i costi di un'alternativa. In realtà le soluzioni sono già tutte presenti nella persona, ciò che manca emerge dalla lettura degli altri colori e indica il fatto che serve solo creare una connessione fra tutte le idee affinché abbiano un senso per poter essere messe in pratica in modo efficace.

ARANCIONE

L'Arancione esprime ottimismo, positività ed energia. Evidenzia fiducia verso l'esterno in antitesi al verde che esprime fiducia verso sé stessi, favorisce quindi ottimi rapporti con gli altri e soprattutto nel rapporto "a due". È il colore che simboleggia il sole nascente ispirando fiducia per il nuovo giorno. Come il giallo si trova fra il verde e il rosso, ma mentre il giallo è proprio "in mezzo", l'arancione ha una componente calda maggiore, perciò è più orientato alla relazione.

La sua assenza nel test indica la mancanza in generale di ottimismo, in particolare una sfiducia verso gli altri e soprattutto verso una persona "importante".
La sua ripetizione invece indica una dipendenza dagli altri.

ROSSO

Colore primario della luce che favorisce eccitazione e spinge verso l'attività soprattutto relazionale/emotiva. Il rosso è il colore del cuore e dell'amore, della passione e della sensualità. Rappresenta anche il sapersi godere le relazioni interpersonali. Complementare al ciano, cioè alla tranquillità materiale. E' il colore fondamentale della luce con la più alta lunghezza d'onda e quindi con la minor frequenza, ha l'energia più bassa ma anche la più alta penetrazione cutanea: è la parte Emotiva della punta della Piramide Cromo-Emotiva, e come la punta di una freccia sostenuta alle spalle da tutte le altre emozioni serve a far breccia nel muro dell'apatia.

La mancanza del rosso indica una chiusura sia emotiva che relazionale, una carenza di rapporti interpersonali soddisfacenti. La sua ripetizione indica un eccesso di ricerca di relazioni verso le quali poi si nutrono dubbi circa la loro validità.

MAGENTA

Colore primario della materia che favorisce eccitazione e spinge verso attività concrete. Rappresenta anche il sapersi godere gli aspetti materiali della vita. Complementare al verde, cioè all'autostima.

La mancanza del magenta indica una insoddisfazione o incapacità di saper godere delle cose concrete e materiali. La sua ripetizione indica un eccesso di ricerca di piaceri materiali verso i quali poi si nutrono dubbi circa la loro utilità.

MARRONE

Il marrone, il colore della terra e degli alberi, un richiamo alle proprie origini, alla corporeità e al senso della praticità e concretezza. **Deriva dalla combinazione in parti uguali dei tre colori primari della materia. È l'unico colore fra quelli trattati che richiede l'unione di tre, anziché due, colori** e rappresenta quindi un **livello di comunicazione che si sposta dal concetto di coppia a quello di gruppo.** Simboleggia la collaborazione e la cooperazione.

La sua mancanza nel test fa emergere una difficoltà nel raggiungimento di risultati concreti. La sua ripetizione indica una ricerca affannosa di risultati ma anche dipendenza da essi.

TRASPARENTE

Non considerato fra i colori tuttavia è forse il più importante: rappresenta l'unione dei tre fasci luminosi fondamentali. Infatti il bianco è solo un effetto che si ottiene a livello della materia che riflettendo tutti i colori viene interpretato dal cervello come bianco, mentre a livello di fascio luminoso essi divengono

trasparenti/invisibili, inafferrabili. Tutto ciò che è trasparente quindi riflette questa capacità di essere "trasparenti", ovvero onesti, sinceri, forti, non condizionabili, autonomi. La trasparenza può essere usata con ottimi risultati negli esercizi in rilassamento con immagini per favorire l'integrità delle persone e migliorare la comunicazione interiore.

BIANCO

Se da una parte il bianco rappresenta "l'unità" dei colori... d'altra parte evidenzia uno stato confusionale: non si vede chiaramente "cosa c'è sotto"! Rappresenta quindi **bugie**, falsità e la negazione implicita delle emozioni pure e libere.

Ricorda il colore del latte e si associa facilmente al concetto di "**dipendenza**"; se dipendo da qualcun altro (dal seno materno nella metafora...) allora posso dimenticare la mia autostima e **restare passivo** di fronte agli eventi della vita... emergeranno quindi insicurezze e paure legate alla passività e che spingeranno alla continua ricerca di aiuto e/o al bisogno di appoggiarsi a qualcuno, o a qualche schema sociale, o a qualche gruppo o ideale senza essere liberi di esprimersi veramente e sinceramente pena un **senso di colpa** nei confronti di chi "ci ha voluto bene" con il rischio di offenderlo oppure **paura di abbandonare o essere abbandonati** perché considerati traditori: agisce quindi a livello dei sentimenti. Inoltre se si è passivi e c'è qualcun altro su cui contare allora si tende anche a **dimenticare** le cose e alla **confusione**.

NERO

È il NON colore (assorbe/non riflette), la negazione esplicita delle emozioni pure e libere. È associato all'oscurità e "all'uomo nero" che infonde paura e terrore. Emergeranno quindi paura e insicurezza legate all'**aggressività** e che spingeranno verso comportamenti anche violenti verso gli altri o verso di sé. Tipici di questa alterazione sono i **pensieri negativi** che agiscono sulla mente favorendo anche l'instaurarsi di **schemi rigidi di comportamento e di pensiero** che se non gestiti portano alla paura tipicamente gestita e mascherata con l'aggressività.

GRIGIO

Mix di bianco e nero... la più fredda combinazione di paura e insicurezza che porta al distacco emotivo e sociale evitando le situazioni per non dover scegliere ne aggressività ne passività ne assertività.

I Colori oltre il campo del visibile: il Sesto Senso

Le radiazioni infrarosse sono le onde elettromagnetiche a minore frequenza corrispondenti al colore rosso. Rappresentano il futuro: le proprietà benefiche sono metafora di vita, e se c'è vita c'è futuro! C'è chi considera infrarossi "passato" e UV "futuro"... l'esercizio relativo l'ho ideato appositamente affinché vada ben in ogni caso, rompendo gli schemi temporali.

Le radiazioni ultraviolette (UV) sono le onde elettromagnetiche ad elevata frequenza corrispondenti alla luce violetta. Rappresentano il passato: utile per il presente ma da ri-elaborare per evitarne gli effetti negativi. Gli UV sono utili anche per "ri-conoscere" le falsificazioni, i cibi scaduti... quindi utili per 'analizzare-scoprire' e "sapere di nuovo" le cose: ri-conoscere=conoscere nuovamente; così si ritorna al passato... e il passato diviene presente e quindi modificabile.

Infrarosso e Ultravioletto rappresentano la zona del Sesto Senso, la capacità di cogliere le cose, di comunicare e rapportarsi agli altri in modo empatico, intuitivo e oltre la comprensione razionale. Simboleggiano l'area di comunicazione inconscia fra le proprie volontà (blu) e le emozioni (rosso/magenta).

Mentre UV e infrarossi simboleggiano il sesto senso oltre il tempo e lo spazio, favorendo intuito ed empatia, il colore indaco rappresenta il sesto senso nel presente. L'Indaco può essere ottenuto con approssimazione unendo metà blu e metà viola, mentre in realtà è un altro colore "primario" che esiste in natura: rappresenta un unione di colori che va oltre la somma delle semplici parti, per questo non "ricostruibile" perfettamente, rappresentando il "Corpo Metafisico" ed associato al "Terzo Occhio" secondo i punti Chakra... per vedere oltre il "visibile".

Tabella sintetica dei colori

Passività Bianco	Assertività Colori	Aggressività Nero
Insicurezza e paure legate alla passività – dipendenza – bugie – dimenticanze – confusione – senso di colpa: agisce sui sentimenti.	**MARRONE** **Risultati concreti - Corporeità** – sicurezza – origini – tenacia – logica	Insicurezza e paure legate all' aggressività – schemi rigidi di pensiero – pensieri negativi: agisce sulla mente.
	MAGENTA **Passione – attività materiale** – forza – sicurezza – estroversione – autonomia	
	ROSSO **Passione– attività relazionale/emotiva** - forza – sicurezza – estroversione – autonomia	
	ARANCIONE **Ottimismo – fiducia verso gli altri** – energia – spontaneità – coraggio	
	GIALLO **Creatività concreta / razionale – libertà** – allegria – fantasia – liberazione dagli schemi	
	VERDE **Forza interiore** – solidità– stabilità – **fiducia verso di sé – creatività astratta / emotiva** - autostima	
	CIANO **Tranquillità – Consapevolezza Materiale – DESIDERI** Comunicabilità – introspezione	
	BLU **Tranquillità – Consapevolezza Emotiva – VOLONTA'** grandezza d'animo - comunicabilità - introspezione – intuito	
	VIOLA **Transizione** – predisposizione al cambiamento – capacità decisionale – fantasia – libertà – osservazione – atto-di-volontà	
GRIGIO: Insicurezza e paure che portano al distacco emotivo e sociale.		

Riflessioni sul colore Arancione

Premessa

In questa seconda edizione il colore arancione è stato riveduto e corretto a seguito dei risultati concreti della sperimentazione ulteriore del test "le 11 tavole" e una conseguente rivisitazione teorica che vede l'arancione come rappresentativo del punto di incrocio dei fasci nervosi; infatti l'emisfero destro del cervello domina la parte sinistra del corpo mentre quello sinistro domina la parte destra. Così nel punto di inversione (arancione) gli effetti del bianco e del nero si ribaltano. È anche per questo che l'arancione assume il simbolismo dello "Specchio".

23

Cromo-Salto Quantico e Loop Cromo-Emotivo

Un salto quantico è il passaggio repentino di un sistema da uno stato quantico ad un altro. Il processo è definito "salto" in quanto discontinuo; Esiste una infinita continuità di valori di frequenza per i colori ma ci riferiamo poi a quelli "fondamentali" che sono tre per la luce (blu-verde-rosso) e tre per la materia (ciano-giallo-magenta). Seguendo la piramide cromo-simbolica abbiamo alla base il viola, combinazione di due colori, poi seguono alternativamente i colori fondamentali luce-materia: blu-ciano / verde-giallo / - arancione - / rosso-magenta... Il colore arancione non trova una specifica collocazione in questo "continuum di salti luce/materia"... per diverso tempo ho riflettuto sul suo possibile significato simbolico riferito alla sua posizione e particolarità... L'arancione rappresenta ottimismo ma anche fiducia verso gli altri mentre il verde è la fiducia verso sé stessi... la psicologia ci spiega che attraverso gli altri possiamo conoscere noi stessi... ma quando arriviamo a quel punto così in alto della piramide (arancione) se non siamo veramente sicuri di noi stessi, ma ci siamo solo "illusi"... allora con un SALTO torniamo ai nostri pensieri (verde) pieni di dubbi... pensare e ripensare... e quando siamo convinti di noi stessi ci riapriamo agli altri (arancione/rosso)... ma se non siamo veramente determinati e sicuri rifacciamo il salto dall'arancione (altri) a noi stessi (verde) ripercorrendo le stesse esperienze che in forma diversa e in contesti vari si ripropongono inesorabilmente: qui si ripete il CICLO... siamo nel Loop che può essere verde (pensare e ripensare), giallo (continuo cambiamento e ricerca di soluzioni senza concludere niente) o arancione (continua ricerca degli altri, delle loro approvazioni). Riequilibrare i vari livelli Cromo-Simbolici significa utilizzare tutte le proprie risorse in modo coerente e positivo per il proprio benessere.

Abbinamenti dei colori col bianco e col nero

Viola / Nero

Se il Viola è abbinato al nero significa che il cambiamento non solo è desiderato ma diventa quasi una imposizione, un dovere, uno schema da seguire e quindi si perde la necessaria flessibilità per una trasformazione reale e positiva; se contestualmente non c'è ne bianco ne blu allora si arriva all'impazienza e all'agitazione. Il blu contribuirebbe a gestire la situazione con una buona dose di tranquillità, mentre il bianco porterebbe a una finta calma lasciando spazio a possibili scatti d'ira improvvisi o a uno stato ansioso.

Viola / Bianco

Se il Viola è abbinato al bianco il cambiamento non è ricercato o semplicemente si opta per finti cambiamenti, ci si illude di fare magari anche grandi cose mentre si fugge da se stessi, ci si priva probabilmente di fare piccole cose semplici e apparentemente banali ma importanti per se stessi. Il Giallo potrebbe sopperire almeno in parte alla creatività favorendo la flessibilità che però probabilmente resterebbe isolata a qualche settore della vita come, per esempio, il lavoro o la famiglia o gli amici.

24

Blu o Ciano / Nero

Se il Blu/Ciano è abbinato al nero ci si impone di restare tranquilli, si mostra un'alta capacità di non reagire male alle provocazioni, ma è solo una forzatura che porta a grandi insoddisfazioni e tensioni interiori. Ci si obbliga a desiderare o volere solo ciò che è socialmente consentito.

Blu o Ciano / Bianco

Se il Blu/Ciano è abbinato al bianco la tranquillità sarà solo finta, una illusione, una convinzione che tutto vada bene, ma se ci si ascolta un attimo ci si rende conto che così non è! Ci si dimentica di ciò che si desidera o si vuole.

Verde / Nero

Se il Verde è abbinato al nero si tenderà a concentrarsi su di se proteggendosi dalle difficoltà e basandosi in modo rigido solo su ciò che più conferma le nostre capacità.

Verde /Bianco

Se il Verde è abbinato al bianco si evidenzia una carenza di autostima, dubbi interiori sulle proprie capacità, tali dubbi possono riguardare interamente se stessi; se tale carenza è occasionale può essere che riguarda dubbi specifici per situazioni particolari che fanno vacillare l'integrità personale.

Giallo / Nero

Se il Giallo è abbinato al nero la creatività e il senso di libertà sono ricercati in modo così eccessivo tale da far entrare in un paradosso: creatività rigida o rigidamente creativo; questo processo porta a non considerare alcune alternative solo perché non considerate "creative" o non associate al senso di libertà. Per esempio quando ci si rifiuta di fare una cosa perché l'ha detta Tizio e magari si fa l'opposto quasi a dispetto: si ha il senso di libertà mentre in realtà ci si è vincolati a fare esattamente l'opposto privandosi della prima scelta che magari andava bene; questo è tipico in fase adolescenziale dove la ricerca di libertà spesso segue questa strada pur di sentirsi differenziati dai genitori.

Giallo / Bianco

Se il Giallo è abbinato al bianco indica una finta ricerca di alternative, o un'illusione racchiusa in una certa area, come se ci si permettesse di essere liberi e creativi solo in uno specifico settore della propria vita per convincerci che tutto va bene, ma il gioco del bianco è anche quelli di fare le cose a metà: liberi solo a metà non è essere liberi!

Arancione / Nero

Se l'Arancione è abbinato al nero indica un ottimismo esagerato, ci si circonda di tante persone e si fa di tutto per gli altri dimenticandosi di sé stessi fino allo sfinimento.

Solitamente il nero "irrigidisce", ma nell'arancione c'è una "inversione" e gli effetti del nero appaiono come se ci fosse interferenza bianca e viceversa. Questo è emerso analizzando i risultati al test "le 11 tavole". L'ipotesi teorica non corrispondeva al risultato. Considerando sia la metafora del corpo, sia le associazioni ad esso dei colori secondo i punti chakra, sia il fatto che l'arancione "sembra in più" nella sequenza dei colori (seguono alternativamente un fondamentale della luce, poi uno della materia... e l'arancione sta "in mezzo") si è compreso il suo ruolo rappresentativo dell'incrocio dei fasci nervosi; infatti l'emisfero destro del cervello domina la parte sinistra del corpo mentre quello sinistro domina la parte destra. Così nel punto di inversione (arancione) gli effetti del bianco e del nero si ribaltano. È anche per questo che l'arancione assume il simbolismo dello "Specchio".

Arancione / Bianco

Se l'arancione è abbinato al bianco crea una forma di ottimismo falso, tipico di chi sogna a occhi aperti ma non si impegna affinché le risorse esterne siano veramente utilizzate. Rappresenta anche una mancanza generale di ottimismo, in particolare una sfiducia verso gli altri e soprattutto verso una persona "importante".

Marrone / Nero

Se il Marrone è abbinato al nero indica troppa attenzione alla materialità, ai risultati concreti senza preoccuparsi del modo in cui ci si arriva.

Marrone / Bianco

Se il Marrone è abbinato al bianco riflette una carenza a livello del raggiungimento di obiettivi concreti; il bianco insieme a questo colore indica la convinzione di avere ciò che si vuole mentre in realtà ci si sta solo accontentando. Viene rimarcato il senso di dipendenza.

Rosso o Magenta / Nero

Se il Rosso/Magenta è abbinato al nero indica un'esplosione di passione, molta attività ed energia in gioco al punto di rischiare di non usarla nel modo giusto per sé. Il nero associato al Rosso può dar luogo a scatti d'ira, a trasformare la passione in aggressività sino alla violenza.

Rosso o Magenta / Bianco

Se il Rosso/Magenta è abbinato al bianco è indice di una carenza energetica o meglio di uno spostamento dell'energia in altre parti cosicché ogni cosa venga fatta lo sarà "tanto per...", senza troppo entusiasmo. Il bianco col Rosso o magenta descrive una situazione in cui la persona non si rende conto che ciò che fa è privo di emozione.

Bianco

La presenza del bianco più o meno accentuata indica lo sviluppo delle dinamiche bianche già descritte e agisce su ogni colore distorcendolo e rendendolo "falso".

L'assenza del bianco sarà totale solo se i colori sono tutti presenti in modo equilibrato, mentre la mancanza di un colore indica la presenza del bianco in modo indiretto ma con gli stessi effetti sugli altri colori.

Nero

La sua presenza indica il verificarsi delle dinamiche nere già descritte con effetto di rendere rigide e schematiche le potenzialità di ogni colore.

L'assenza sarà totale solo se i colori escono tutti in modo equilibrato, mentre la presenza ripetitiva di un colore indica la manifestazione indiretta del nero.

Bianco e Nero

La loro compresenza indica che le dinamiche bianche/nere già descritte convergano in un effetto "passivo/aggressivo" tipico di chi tiene le cose dentro per poi esplodere all'improvviso.

La Piramide Cromo-Emotiva

La Piramide è stata creata seguendo le frequenze dei colori ed è ispirata dal principio base sui colori numero 7 ovvero: "Le dinamiche descritte dall'interazione dei colori sono metafora di ciò che sono le dinamiche emotive e i rapporti fra emozioni, azioni, pensieri e sentimenti". Spesso nei libri che parlano dei colori ho trovato errori "strani" come considerare il giallo un colore freddo... questo mi fa riflettere ed invito a vivere questo libro come un punto di partenza e ad essere flessibili nel suo utilizzo. Agli inizi cercavo di dare collocazione al marrone nella piramide, ma non ero sicuro della posizione; ritenevo che comunque potesse andare abbastanza bene dove l'avevo inserito: prima del rosso. Ma **se l'interazione dei colori riflette l'interazione fra le parti dell'essere umano allora la posizione di ogni colore diviene molto importante**. Spostando il marrone oltre il rosso infatti il significato cambia totalmente: essendo esso costituito da tre colori fondamentali mischiati in parti uguali è chiaro che prima ci deve essere un buon equilibrio dei colori fondamentali e delle interazioni a coppia fra essi, solo dopo ci può essere un "buon marrone" e cioè un "buon risultato pratico". In altri termini i risultati e gli obiettivi arrivano "da sé" quando le cose si fanno serenamente (blu/ciano), con fiducia in sé (verde), con creatività (giallo), con ottimismo (arancione) e con passione (rosso/magenta). Tentare di ottenere qualcosa senza coinvolgere tutte le nostre parti e capacità rischia di portare a situazioni instabili e insoddisfacenti. È anche vero che raggiungere i risultati rinforza l'autostima (verde) e può aiutare a sentirsi meglio... ma sarebbe un effetto "bianco", cioè si tenderebbe a far dipendere il proprio benessere dal risultato piuttosto che puntare sulle proprie abilità per stare bene e quindi ottenere di riflesso risultati concreti. Spesso ho letto che il marrone è legato alla dipendenza; se c'è un buon equilibrio degli altri colori/emozioni il marrone rappresenta solo una normale conseguenza, una materializzazione di ciò che abbiamo dentro e non dipendenza.

La Piramide Cromo-Emotiva:

Risultati concreti
Origini - Famiglia
Incarnazione

Passione Materiale

Passione Emozionale

Fiducia verso gli altri

Creatività Libertà

Autostima Sicurezza di sé

Consapevolezza di sé - Obiettivi - Avere

Consapevolezza di sé - Volontà - Essere

Predisposizione al Cambiamento - Nuove decisioni

Predisposizione alla Trasformazione - Decisione Base

psicologiasaveriocaffarelli.it

Bianco Passività – Nero Aggressività

Marrone: praticità, concretezza, risultati...

Magenta: passione, attività materiale...

Rosso: passione, attività relazionale emotiva...

Arancione: ottimismo... fiducia verso l'altro

Giallo: creatività razionale, libertà dagli schemi...

Verde: forza interiore, autostima... creatività emotiva...

Ciano: tranquillità materiale, consapevolezza, desideri...

Blu: tranquillità emotiva... consapevolezza, volontà...

Viola: predisposizione al cambiamento, transizione... "atto-di-volontà"

Violetto: predisposizione alla trasformazione...

Per poter vivere appieno ed in modo stabile un'emozione è necessario prima di tutto elaborare e superare le difficoltà legate al bianco e al nero, accettare il nostro passato e ciò che è presente; successivamente si può entrare nel mondo dei colori/emozioni.

Le emozioni che stanno più in alto nella piramide richiedono, per poter essere stabili e positive, che siano ben presenti e sviluppate quelle che stanno più alla base. Per esempio il viola: è la base di tutto perché se non sono ben disposto al cambiamento non posso fare niente; non posso essere creativo (giallo) perché la creatività prevede implicitamente un cambiamento, la rottura di vecchi schemi; non posso neanche essere attivo (rosso) perché se mi attivo in qualcosa sto passando da uno stato ad un altro e quindi anche qui c'è il cambiamento. Altro esempio, il blu: finalmente predisposto al cambiamento (viola) posso essere tranquillo e "guardarmi dentro": condizione necessaria per poter cogliere la mia forza interiore (verde), essere creativo (giallo), ecc.

In sintesi, se tutto va bene ecco cosa succede:
Liberi da dipendenza/passività/sensi di colpa (bianco) e liberi da aggressività e paure (nero), accettando ciò che è stato e ciò che è, ci predisponiamo a vivere bene il passaggio dal malessere all'essere felici (viola) e ad affrontare il benessere con tranquillità e consapevolezza (blu/ciano), credendo in noi stessi e nelle nostre capacità (verde), inventando modi sempre nuovi per essere allegri (giallo), ottimisti nel credere che tutto ciò sia possibile (arancione), attivandoci con passione ed energia (rosso/magenta), realizzando anche esperienze concrete (marrone).

Il test istantaneo dei Colori:
Le 11 Tavole

Il test delle 11 tavole colorate non è un test di personalità, piuttosto **rileva le dinamiche emotive in gioco in un dato momento**; è un test del "presente" ed anche per questo si presta bene ad individuare quegli aspetti della persona che possono indicare la scelta opportuna dei fiori di Bach esposti più avanti. Dopo aver sperimentato il test su centinaia di persone, ed averlo revisionato sia in termini di posizione delle tavole (per esempio ho invertito il bianco e il nero), sia in termini di linguaggio di somministrazione e sia come modalità di esecuzione (prima facevo scegliere 9 colori uno per volta, adesso a gruppi di tre) ho messo appunto la versione più attuale dello stesso e che propongo qui di seguito.

La scelta delle 11 tavole: oltre al bianco e nero inseriti per la verifica di una eventuale presenza diretta delle dinamiche ad essi associate, seguono le nove tavole che comprendono i tre fondamentali della luce blu-verde-rosso, i tre fondamentali della materia ciano-giallo-magenta, due colori secondari che si ottengono dalla mescolanza di altri due primari: il viola e l'arancione e infine un colore che si ottiene dalla mescolanza di tre colori primari: il marrone.

Nell'esecuzione del test si scelgono tre triadi di colori, la prima va a rispecchiare il tipo di equilibrio personale a livello materiale (ciano-giallo-magenta), la seconda fa emergere l'equilibrio emotivo (blu-verde-rosso), la terza riflette la capacità comunicativa intrapersonale ed interpersonale.

FASI di esecuzione del test:
1) dare un primo sguardo alle tavole (qualche secondo) e poi tenerle girate o coperte, non visibili.
2) Liberare la mente e prepararsi a riguardare le 11 tavole per sceglierne tre: le prime tre che attirano l'attenzione, non importa se piacciono o se non piacciono, non importa se sono i colori preferiti o quelli meno graditi, importa solo che siano i primi tre che attireranno l'attenzione quando si girano le tavole; scegliere quindi le prime tre tavole che attirano l'attenzione (può essere indicata una stessa tavola anche più volte) indicandole col dito e poi rigirare o coprire le tavole.
3) Dopo qualche secondo, il tempo di trascrivere i tre colori appena scelti, rigirare le tavole e sceglierne altre tre indicandole col dito della mano opposta a quella usata nella prima scelta. Non importa, come prima, se piacciono o meno, e non importa se si ripetono: possono riuscire tutti uguali, tutti diversi... l'importante è sempre che siano i primi tre colori che ci attraggono. Poi rigirare le tavole, appuntarsi i tre colori che ci hanno attratto per primi.
4) Scegliere per un'ultima volta altre tre tavole, non importa se uguali o diverse o se belle o brutte, le prime tre che attraggono indicandole con un qualsiasi dito/mano si voglia. Appuntare i tre colori scelti.

L'esecuzione del test è già finita, in massimo un minuto. Ora ci si può dedicare all'interpretazione.

INTERPRETAZIONE del test

Il primo livello di interpretazione, il più semplice e veloce è quello di chiedersi per ogni colore della piramide cromo emotiva se è uscito oppure no o se è uscito più volte. A livello teorico l'equilibrio "perfetto" prevede che tutti e nove i colori escano una volta sola e non escano ne bianco ne nero oppure che il bianco esca nella terza triade sostituendo il marrone.

Il primo colore più alla base della piramide che non sia uscito o che sia uscito più di una volta rappresenterà quindi il primo punto debole della persona, i colori usciti una sola volta rappresentano i punti forza. Vedere il significato di ogni colore per comprendere quali aspetti della persona sono quindi punti forza e quali sono punti deboli.

Segue uno schema di raccolta dati per una lettura più agevole del test.

Test Le 11 Tavole
Scheda raccolta dati e lettura

COLORI usciti	Primo	Secondo	Terzo
Prima triade			
Seconda triade			
Terza triade			

Livello teorico di equilibrio delle triadi di colori			
COLORI	Primo	Secondo	Terzo
Prima triade	Ciano	Giallo	Magenta
Seconda triade	Blu	Verde	Rosso
Terza triade	Viola	Arancione	Marrone*

*il marrone può essere sostituito dal bianco che acquisterebbe una valenza positiva se esce nella terza triade e acquista più valore se esce per ultimo.

Mettere una x per ogni volta che è uscito il colore

Bianco					
Nero					
Viola					
Blu					
Ciano					
Verde					
Giallo					
Arancione					
Rosso					
Magenta					
Marrone					

www.psicologiasaveriocaffarelli.it

Punti di Forza:_____
(colori usciti una sola volta – eventuale presenza di bianco nella terza triade)

Punti di Debolezza "bianchi":_____
(colori non usciti – eventuale presenza di bianco nelle prime due triadi o presenza multipla del bianco nella terza triade)

Punti di Debolezza "neri":_____
(colori usciti più volte – eventuale presenza di nero in qualunque posizione)

Punti auto-rinforzanti
(derivano dalla compresenza equilibrata di un colore primario della luce e del suo complementare)

Indicare SI se entrambi presenti e quindi autorinforzanti:

Blu / Giallo (rosso+verde)   SI NO
Verde / Magenta (blu+rosso) SI NO
Rosso / Ciano (blu+verde)   SI NO

È un test Istantaneo - Non è un test di personalità
I risultati si intendono riferiti alla condizione del momento o al periodo attuale più recente. Non ci sono risultati giusti o sbagliati ma solo la lettura di una dinamica emotiva che la persona vive e che può considerare valida e "giusta" per sé, a prescindere da qualunque teoria.

Posizioni Esistenziali (parallelismo con l'Analisi Transazionale di Eric Berne)
Io = Verde (forza interiore: fiducia verso l'interno); Io OK = presenza equilibrata del verde
Tu = Arancione (ottimismo: fiducia verso l'esterno) Tu OK = presenza equilibrata dell'arancione
Io non OK = assenza o presenza multipla del verde – Tu non Ok = assenza o presenza multipla dell'arancione
Le posizioni esistenziali sono quattro e descrivono come una persona vede sé e gli altri:
1) Io sono OK – Tu sei OK. Posizione esistenziale sana, assertività, presenza equilibrata verde/arancione
2) Io sono OK – Tu NON sei OK. Comportamento aggressivo; se c'è nero verte verso violenza.
3) Io NON sono OK – Tu sei OK. Comportamento passivo, servile; se c'è bianco verte verso dipendenza.
4) Io NON sono OK – Tu NON sei OK. Futilità, cinismo; se 'è sia bianco che nero si presenta il rischio di comportamenti passivo/aggressivi, altrimenti tendenza al distacco emotivo/sociale

Se si ripristina con esercizi vari il primo colore mancante, quali conseguenze ci saranno sugli altri colori?

Per fare una buona lettura, oltre all'esperienza è importante considerare:
1) I significati del bianco, del nero, dei singoli colori, dell'interazione fra bianco/nero e i colori e dell'interazione fra i colori stessi, in particolare fra i complementari come suggerito nei capitoli appositi.
2) Considerare che se il bianco e nero non sono usciti, può esserci l'interferenza delle stesse dinamiche in modo indiretto: la mancanza di un colore indica l'interferenza indiretta del bianco sul colore mancante, il ripetersi di un colore indica l'influenza indiretta del nero su quel colore.
3) Considerare qual è il primo colore, partendo dalla base della piramide, che manca o che si ripete: quella è l'area personale su cui iniziare ad intervenire prima di tutto per ricostituire una buona "base" di risorse interiori.

ESEMPIO "anonimo 1" Test Le 11 Tavole

COLORI Colori usciti	Primo	Secondo	Terzo
Prima triade	Arancione	Verde	Arancione
Seconda triade	Ciano	Giallo	Bianco
Terza triade	Ciano	Magenta	Arancione

Livello teorico di equilibrio delle triadi di colori

COLORI	Primo	Secondo	Terzo
Prima triade	Ciano	Giallo	Magenta
Seconda triade	Blu	Verde	Rosso
Terza triade	Viola	Arancione	Marrone*

*il marrone può essere sostituito dal bianco che acquisterebbe una valenza positiva se esce nella terza triade e acquista più valore se esce per ultimo.

Mettere una x per ogni volta che è uscito il colore						
Bianco	x					
Nero						
Viola						
Blu						
Ciano	x	x				
Verde	x					
Giallo	x					
Arancione	x	x	x			
Rosso						
Magenta	x					
Marrone						

www.psicologiasaveriocaffarelli.it

Punti di Forza: Verde = Autostima, credere in sé stesso; Giallo = libero da schemi, creativo. Magenta = sa apprezzare le cose materiali che ha.
(colori usciti una sola volta – eventuale presenza di bianco nella terza triade)

Punti di Debolezza "bianchi": Bianco = passività (rispetto alle proprie volontà, infatti manca il blu e rispetto alla possibilità di fare cose diverse dal solito, infatti manca il viola)
Viola = tendenza a ripetere le stesse cose, non valuta realmente possibili cambiamenti
Blu = carenza di ascolto delle proprie volontà, l'apparente tranquillità è giustificata dalla presenza del bianco che in realtà rispecchia passività verso se stesso.
(colori non usciti – eventuale presenza di bianco nelle prime due triadi o presenza multipla del bianco nella terza triade)

Punti di Debolezza "neri": Ciano 2volte = ricerca conflittuale dei propri desideri materiali con insoddisfazione perché in assenza del blu vuol dire che la ricerca dei desideri è basata su schemi sociali (doppio ciano) e non sulla propria volontà (mancanza di blu). Arancione 3volte = ottimismo e fiducia verso l'altro amplificata e rigida, con conseguente dipendenza emotiva del proprio benessere dalla presenza o meno di altre persone e dal loro riconoscimento sociale.

(colori usciti più volte – eventuale presenza di nero in qualunque posizione)

Punti auto-rinforzanti
(derivano dalla compresenza equilibrata di un colore primario della luce e del suo complementare)
Indicare SI se entrambi presenti e quindi autorinforzanti:
Blu / Giallo (rosso+verde)   NO
Verde / Magenta (blu+rosso)   SI
Rosso / Ciano (blu+verde)   NO

Descrizione dell'esempio "anonimo 1"
Emerge qui una notevole estroversione (3 arancione) che con la presenza del bianco suggerisce una dipendenza dal riconoscimento altrui per poter essere soddisfatti. Tuttavia con la mancanza del rosso e del marrone e sempre in presenza del bianco si intuisce che tale soddisfazione è fittizia e che i rapporti relazionali (rosso) pur essendo quantitativamente elevati (3 arancione) non offrono una profonda e passionale soddisfazione (mancanza del rosso e presenza del bianco); inoltre i risultati raggiunti "per gli altri" (bianco+3arancione) non sono quelli in realtà voluti (no blu – no marrone) e per poter raggiungere quelli veramente in linea con la propria volontà la persona dovrà fermarsi di fronte ad ogni scelta e chiedersi quale fra le alternative offre un senso di piacere e soddisfazione personale a   prescindere dagli altri (=lavorare sul blu), ma prima ancora dovrà essere disponibile ad un cambiamento simile e quindi accettare questa situazione che sta vivendo per come è adesso, viverla fino in fondo per potersi preparare ad un eventuale trasformazione (=lavorare sul viola, che è il primo colore alla base della piramide ed anche il suo primo colore che presenta un disequilibrio). In questo contesto i punti forza, quali autostima/verde, creatività/giallo e soddisfazione materiale/magenta non sono utilizzati per il proprio benessere ma solo per ottenere alti e ammirevoli risultati sociali: è infatti una persona di alto prestigio sociale è ben conosciuta nel suo ambiente. I risultati materiali raggiunti sull'onda di queste dinamiche offrono una soddisfazione (presenza del magenta) che paradossalmente concedendo un "contentino/palliativo" rinforzano la stessa dinamica di passività verso le proprie volontà (no blu) e la dipendenza verso il riconoscimento sociale (3arancione+bianco). Un esempio di passività nei confronti delle proprie volontà viene descritto dalla persona come la mancata iscrizione in palestra già da diversi mesi prima di fare il test e dice "si tutti mi dicono bravo qua e bravo la…. E in palestra? Mi sono iscritto? No! Niente!".

Inoltre la compresenza dei complementari verde-magenta in questo contesto di attenzione al materiale e agli altri assume un senso di dipendenza con una direzione di rinforzo dal magenta verso il verde, caratterizzando quindi un senso di autostima/verde basato e nutrito dalla soddisfazione materiale/magenta piuttosto che il contrario. La persona dovrà quindi imparare che è utile prima credere in se stessi (verde) ascoltando le proprie volontà (blu) e che poi arriveranno come conseguenza il sapersi godere anche le piccole cose materiali e i relativi risultati concreti (marrone).

FIORI DI BACH (vedere capitolo apposito per la teoria)
In questo caso potrebbe bastare anche solo il numero <u>7 Chestnut Bud</u> intendendo però la "ripetizione degli errori" e la "mancanza di apprendimento dal passato" come semplicemente riferiti alle dinamiche bianche relative alla ripetizione di un processo di dipendenza (anziché di "errori"), di necessità di conferme sociali, pena una mancata più profonda soddisfazione personale; c'è quindi un bisogno di ripetere tale esperienza finché "non capirà qualcosa"... e in questo senso c'è la mancanza di apprendimento dal passato.
Altro fiore che si può comunque aggiungere è relativo alla conseguenza delle dinamiche bianche: il prendersi troppi carichi dicendo sempre "si" agli altri: <u>n.4 Centaury.</u>

Esercizio Psicologico
Scrivere ogni giorno per un mese un "piccolo" piacere relazionale / emotivo, come un sorriso, un grazie, un "no" detto bene a qualcuno... deve essere un "piccolo piacere" perché si tratta solo di un esercizio che porta in direzione del "vero godimento" dei rapporti interpersonali, ma il piacere relazionale relativo agli aspetti più importanti per la persona arriverà spontaneamente dopo aver lavorato più alla base della piramide sia coi fiori di Bach e sia con tutti i metodi ed approcci che preferisce oltre a quelli proposti in questo libro.
Esercizio cromo emotivo.
Lavorare sul viola e sul blu come indicato nel capitolo seguente (dopo il successivo esempio) e come suggerito per questi due colori nel percorso "9 settimane e mezzo".

ESEMPIO "anonima 2" Test Le 11 Tavole

COLORI usciti	Primo	Secondo	Terzo
Prima triade	Verde	Giallo	Ciano
Seconda triade	Magenta	Arancione	Rosso
Terza triade	Verde	Ciano	Viola

Livello teorico di equilibrio delle triadi di colori

COLORI	Primo	Secondo	Terzo
Prima triade	Ciano	Giallo	Magenta
Seconda triade	Blu	Verde	Rosso
Terza triade	Viola	Arancione	Marrone*

*il marrone può essere sostituito dal bianco che acquisterebbe una valenza positiva se esce nella terza triade e acquista più valore se esce per ultimo.

Mettere una x per ogni volta che è uscito il colore					
Bianco					
Nero					
Viola	x				
Blu					
Ciano	x	x			
Verde	x	x			
Giallo	x				
Arancione	x				
Rosso	x				
Magenta	x				
Marrone					

ww.psicologiasaveriocaffarelli.it

Punti di Forza: Viola/disponibilità al cambiamento – Giallo/libertà dagli schemi – Arancione/rapporto con persona di fiducia e ottimismo – Rosso/piacere e passione nelle relazioni interpersonali almeno con una persona di fiducia o vicina – Magenta/capacità di godere degli aspetti materiali.
(colori usciti una sola volta – eventuale presenza di bianco nella terza triade)

Punti di Debolezza "bianchi": Blu/distrazione dalle proprie volontà – Marrone/non raggiungimento di risultati concreti voluti (conseguenza della distrazione dalle proprie volontà)
(colori non usciti – eventuale presenza di bianco nelle prime due triadi)

Punti di Debolezza "neri": Ciano/dubbi sui propri desideri – Verde/dubbi sulle proprie capacità
(colori usciti più volte – eventuale presenza di nero in qualunque posizione)
Punti auto-rinforzanti

(derivano dalla compresenza equilibrata di un colore primario della luce e del suo complementare)
Indicare SI se entrambi presenti e quindi autorinforzanti:
Blu / Giallo (rosso+verde)   NO
Verde / Magenta (blu+rosso)   NO
Rosso / Ciano (blu+verde)   NO

Descrizione dell'esempio "anonima 2"
Il bianco e nero assenti indicano che qualunque cosa disturbi il presente non è legato strettamente al passato, semmai ad una ri-elaborazione di esso o a qualcosa di presente ed attuale.
Emerge una buona predisposizione alla valutazione di novità e cambiamento (si viola), ma difficoltà a restare concentrata sulle proprie volontà (no blu) con conseguenti dubbi su quali possano essere i propri desideri materiali (doppio ciano)... se scegliere questa cosa o quest'altra, quali specchi delle proprie volontà e ciò porta ad ulteriori dubbi sulle proprie capacità (doppio verde), pur sapendo di "essere capace" è come se si chiedesse:
"ma se sono capace e riesco a godermi anche le piccole cose materiali e le relazioni, soprattutto con persone per me important e so essere creativa, perché non raggiungo dei risultati concreti
che siano in sintonia con me stessa?
Bhè la risposta sta nel fatto che qualunque cosa stia vivendo in "questo momento" sta distraendo dalle proprie volontà e quindi tutte le capacità sono usate in modo non ben direzionato. Quindi si deve rassegnare: le capacità le ha (verde)! Può dedicarsi al blu ovvero all'ascolto di ciò che sente, di volta in volta, nelle varie situazioni e sulle possibili scelte, che siano in sintonia con se stessa, ... fermarsi ed ascoltarsi, solo dopo agire sul piano materiale. Ogni giorno fare una piccola cosa concreta (marrone), PICCOLA, che sia in sintonia con la sua volontà (blu)... le cose concrete più importanti arriveranno spontaneamente e non "su richiesta meccanica e forzata".
Ottimo l'equilibrio del giallo e del rosso in perfetta posizione secondo il livello teorico, ed anche il viola uscito nella triade di suo riferimento anche se non nella posizione esatta. Questo vuol dire che la predisposizione al cambiamento (viola) ha favorito un creativo (giallo) e fortemente positivo rapporto (rosso) con una persona vicina (infatti è equilibrato anche l'arancione). Questi ultimi aspetti sono un ottimo punto di riferimento nel presente.
Anonima 2 aveva già fatto il test in precedenza contestualmente all'esercizio della sala degli specchi (esempio riportato come "anonima 2" anche li). In quella occasione sia il test che l'esercizio avevano messo in evidenza una carenza energetica a livello dei colori caldi e dubbi a livello del viola. Ha lavorato sul viola come indicato in "intervenire coi colori dopo la lettura del test" e si è esercitata con attività piccole e semplici legate al rosso e al magenta come suggerito nel programma "9 settimane e mezzo". Al momento di questo test, dopo un mese, il risultato sia sul viola che sui colori caldi è eccezionale, resta da lavorare sul blu e sul marrone che risultavano problematici anche in precedenza,

ma sui quali non era ancora opportuno iniziare a lavorare per evitare che picchi di volontà (blu) sollecitassero azioni (rosso e magenta) senza aver prima ottenuto una buona base di viola che rappresenta un accordo fra "atto" (rosso/magenta) di "volontà" (blu). "Adesso" che il livello di predisposizione al cambiamento è stabile (ha in realtà lavorato sul viola per diversi mesi) e che ha alimentato la capacità di godersi piccole cose può dedicarsi appieno al blu per focalizzare bene le sue volontà che risultavano già offuscate anche nello specchio blu dell'esercizio eseguito in precedenza rappresentante l'immagine di una buia caverna.

FIORI DI BACH (vedere capitolo apposito per la teoria)
Il n.21 Mustard riassume questa situazione dove la distrazione dalle proprie volontà (assenza di blu) e una contemporanea presenza di colori caldi (sia rosso che magenta) evidenzia la possibilità di sbalzi di umore apparentemente incomprensibili in quanto agire (rosso e magenta) senza una piena consapevolezza e concentrazione (blu) porta ad improvvise insoddisfazioni quando ci si accorge di aver fatto tanto (rosso e magenta presenti) e non aver raggiunto risultati concreti (marrone assente) voluti (blu assente).

Intervenire con i colori
dopo la lettura del Test

Prima di tutto verificare se è uscito il bianco o il nero: in tal caso la prima cosa da fare è dedicare una giornata o due ad almeno un esercizio di neutralizzazione; infatti se si entra nel mondo dei colori senza aver neutralizzato bianco e nero è come vincere alla lotteria ma non essere capaci di gestire i soldi e soccombere al successo con disastrosi effetti. Successivamente sono indicati alcuni esercizi per questo scopo (vedi: esercizi anti bianco/nero).

Poi verificare qual è il primo colore che manca o che si presenta per più di una volta a partire dalla base della Piramide Cromo-Emotiva, forse il viola che è il primo alla base? Oppure il successivo che è il blu? ...il colore individuato sarà utilizzato per almeno un mese come punto di riferimento come descritto di seguito.

Dedicare tempo a "quel colore" individuato significa, per esempio:

-        Mangiare/Bere cibo di quel colore (la maggiore difficoltà è per il blu: i mirtilli, anche se viola all'interno, hanno la buccia blu scuro e possono quindi essere usati anche per questo colore in termini di cromoterapia energetica, come il succo di mirtillo, uno yogurt al mirtillo, una marmellata...)
-        Vestire con quel colore

- Osservare l'ambiente esterno individuando quel colore
- Fare esercizi di rilassamento cercando immagini mentali di quel colore
- Avere un oggetto, una pietra o altro di quel colore
- Fare disegni con quel colore
- Cosmetica, trucco, saponette colorate, maschere d'argilla di quel colore...
- Occhiali con lenti colorate, luci colorate...
- Ascoltare le emozioni sia in generale che quelle che ci suscita il colore individuato

Vedere anche la descrizione riportata nell'esercizio "nove settimane e mezzo" per comprendere meglio come utilizzare simbolicamente il colore.

L'attenzione al colore funziona in due modi:

1) **Effetto promemoria**; infatti ricordarsi di quel colore deve essere associato al suo significato emotivo specifico e a come la sua mancanza o la sua ripetizione crei problemi di per se e contemporaneamente renda instabili le emozioni collegate ai colori che stanno più in alto nella Piramide Cromo-Emotiva;

2) **Effetto stimolo**: la particolare radiazione luminosa di "quel colore" non da niente di per sé ma stimola nell'organismo, sia attraverso la vista che attraverso la pelle, quella nostra parte "addetta" al funzionamento emotivo correlato che evidentemente è al momento "addormentata". Per esempio se manca il Giallo sarà addormentata la nostra parte addetta alla creatività, alla capacità di essere fuori dagli schemi, liberi: lavorare col Giallo significa stimolare questa parte! Ma meglio non stimolare la creatività col giallo se prima non c'è un buon equilibrio alla base, per esempio se il blu è doppio o triplo o assente vuol dire che ci sono dubbi o conflittualità circa la consapevolezza delle proprie volontà e se stimolo la creatività senza sapere cosa voglio rischio di perdermi, di chiedermi perché non ho successo se sono così bravo ad inventare soluzioni? ovviamente è perché trovo tante soluzioni ed idee non in linea con ciò che è la mia più profonda volontà!

N.B.: se c'è un buon equilibrio, anche se non perfetto, e quindi la persona sta già abbastanza bene può decidere di seguire direttamente il programma di Ricalibrazione Cromo-Emotiva "9 settimane e mezzo" riportato più avanti. Tale programma può essere seguito anche dopo un primo lavoro su un colore specifico.

Le basi concettuali per la scelta dei fiori di Bach partendo dal test dei colori "le 11 tavole"

Siamo costituiti soprattutto di acqua; è stato dimostrato come l'acqua "tenga memoria"; nel nostro cervello vengono immagazzinate tante informazioni... anche nei fiori! Ogni fiore ha delle sue caratteristiche fisiche e quindi una sua "memoria" associata a tali caratteristiche; assumere 4 gocce da 4 a 6 volte al giorno delle essenze floreali rappresenta uno stimolo energetico in sintonia con il ricordo di certe capacità... per esempio se si assume "olive", dalla pianta dell'olivo, stimola il ricordo delle proprie capacità di resistenza fisica e mentale così come è forte e resistente l'olivo. Di solito si direbbe che è il fiore a darti quella forza per sostenerti, ma in realtà esso riattiva la nostra capacità di essere forti (lavora sul livello del verde) e non andrebbe mai assunto da solo se ci sono per esempio carenze di consapevolezza (blu/ciano, più giù alla base della piramide rispetto al verde) perché si diverrebbe forti senza sapere ancora che cosa farne di tale forza, rischiando di richiudersi nella stanchezza e debolezza ancor peggio di prima. In questo esempio l'impatto può essere minimo perché olive non lavora troppo in punta, piuttosto a livello intermedio verso il verde, esiti più drastici si avrebbero con fiori che lavorano più in punta spingendo all'azione.

I fiori di Bach lavorano su un piano energetico favorendo la trasformazione di emozioni negative in positive, per esempio l'impazienza in calma o la scarsa autostima in forza interiore; in questa sede riporto solo una sintesi del piano emotivo su cui agisce ogni singolo fiore, infatti esistono già fin troppi libri che trattano l'argomento e tante sono le schede sui fiori che si trovano sui siti web.

Vorrei invece proporre le basi concettuali per la scelta dei fiori partendo dai colori che emergono dalla somministrazione del test "le 11 tavole" e spiegare come sceglierli seguendo la Piramide Cromo-Emotiva.

I fiori di Bach aiutano sul "qui e ora", perciò <u>non serve un test di personalità per sceglierli, piuttosto un test "istantaneo"</u> come quello delle 11 tavole per far emergere le dinamiche emotive contingenti.

<u>**Le indicazioni date di seguito circa l'abbinamento fiori-colori sono esemplificative**</u> ed hanno lo scopo di chiarire in che modo scegliere il fiore o la combinazione di fiori partendo dal test dei colori "le 11 tavole"; non c'è una sequenza esatta dei 9 colori del test per ogni fiore, piuttosto alcune combinazioni di colori fra assenza/presenza che spiegano in che modo la dinamica emotiva su cui interviene quello specifico fiore sia presente ed individuata da quel particolare abbinamento di colori.

Sarà importante **leggere l'insieme dei colori usciti ed avere apertura mentale, creatività e buon senso** nella scelta finale considerando che **è importante iniziare da uno o più fiori che lavorino sulle dinamiche emotive più alla base della piramide,** mentre **per i colori/dinamiche emotive più in punta è preferibile associare un esercizio semplice e psicologico/cromo-simbolico** come quelli indicati nel programma "nove settimane e mezzo". Contestualmente, oltre i fiori di Bach per intervenire sulla base della piramide si può, per un mese (poi si potrà rifare il test) portare l'attenzione al colore più alla base che sia assente o presente per più di una volta.

Quindi anche **se dalla combinazione di colori emerge una dinamica emotiva collegata alla punta della Piramide Cromo-Emotiva e contemporaneamente c'è un disequilibrio più alla base, si interverrà con i fiori di Bach solo sulle emozioni alla base:** se per esempio risulta che sei una persona "clematis" che sogna adocchi aperti e non "concretizzi", allora c'è un disequilibrio nella punta a livello del marrone, ma se contestualmente hai anche un problema di autostima, per esempio se esce un doppio verde, e trascorri tempo a pensare e ripensare, è preferibile White Chestnut per superare la "fuga nei pensieri" senza ancora usare clematis: se si concretizza senza essere pronti si può soccombere al successo e soffrire chiudendosi in sé stessi ancora di più...

Fiori di Bach e Colori
raggruppati secondo gli stati d'animo

Rimedi per la paura - Come ritrovare coraggio e sicurezza.
Aspen, Mimulus, Red Chestnut, Cherry Plum, Rock Rose.

Il coraggio e la sicurezza in se stessi in generale sono caratteristiche del colore verde, perciò la mancanza o la presenza multipla di tale colore nel test indica problemi a questo livello e porta l'attenzione a questo gruppo di fiori. La combinazione con gli altri colori ci darà la direzione sul quale fra questi fiori è più indicato. Vediamoli nel dettaglio.

2 Aspen (Pioppo tremulo)
Per chi ha paure indefinite, di ciò che non si conosce - ansia, apprensione, pessimismo.
Colori: assenza del verde e presenza del bianco caratterizzeranno l'aspetto "indefinito" delle paure; invece l'arancione mancante si associa al pessimismo; l'apprensione emergerà con la presenza del nero associato a un doppio rosso (piuttosto che magenta: infatti il magenta essendo fondamentale della materia porta l'attenzione più ad aspetti specifici) e in combinazione col bianco e assenza di verde.

20 Mimulus (Mimolo giallo)
Per chi ha paure specifiche, difficoltà ad affrontare circostanze che generano nervosismo rifuggendo dagli altri per paura.
Colori: contemporanea assenza di verde, arancione, marrone e bianco in presenza del nero e doppio ciano e doppio magenta, possibile doppio giallo; trattandosi di paure specifiche infatti i colori doppi indicati sono i fondamentali della materia.

41

25 Red Chestnut (Ippocastano rosso)
Per chi ha paure per le persone care e si fa carico delle cose altrui.
Colori, contemporaneità di: assenza di verde, doppio o triplo arancione (le persone care), doppio rosso (farsi carico per le persone) e/o doppio magenta (farsi carico delle cose altrui).

6 Cherry Plum (Mirabolano)
Per chi ha paure di perdere il controllo, di far del male a se - Disperazione, terrore, ossessione.
Colori: doppio verde (dubbi verso di sé), doppio nero (paura di perdere il controllo), doppio viola con doppio blu o ciano (alta attività mentale), doppio rosso (in questa combinazione: possibile azione negativa verso se stessi). La presenza del bianco potrebbe indicare la presenza di confusione che può far peggiorare il senso di perdita di controllo.

26 Rock Rose (Eliantemo)
Per chi ha paura/panico - senso di essere bloccati - non lucidi - collegamento col passato/eventi tragici.
Colori: assenza di verde, viola e giallo (bloccati: dalla scarsa autostima al non essere disposti al cambiamento e al non saper essere creativi), con presenza di nero e bianco (rigidità - non lucidi – collegamento al passato/evento tragico).

Rimedi per l'incertezza - Come trovare la forza per le proprie decisioni.
Wild Oat, Scleranthus, Cerato, Gorse, Gentian, Hornbeam.

L'incapacità di prendere decisioni ha le sue basi in una mancata predisposizione al cambiamento ed è quindi collegata al colore viola. Analizzando la presenza/assenza di questo colore e la sua combinazione con altri colori potremmo individuare un utile fiore fra quelli di questo gruppo.
36 Wild Oat (Forasacco maggiore)
Per chi ha indecisione fra più scelte - insicurezza per carriera e sul ruolo da svolgere nella vita.
Colori: assenza o presenza multipla del viola, assenza o presenza multipla del ciano (la carriera rappresenta una dinamica emotiva associata ad aspetti concreti, perciò ci si riferisce al ciano che è un fondamentale della materia piuttosto che al blu che è un fondamentale della luce) che rappresenta dubbi ed incertezze relative ai propri desideri materiali. Tener presente sempre la teoria della piramide cromo-emotiva: va bene intervenire su viola/ciano con questo fiore preferibilmente se il blu è equilibrato (uscito una sola volta).

28 Scleranthus (Fiorsecco, Scleranto o Centigrani)
Per chi ha indecisione fra due alternative - sbalzi umore gioia/tristezza estrema

Colori: assenza o presenza multipla del viola, presenza singola o multipla del rosso (mette in risalto il contrasto fra l'indecisione e l'azione), assenza o presenza multipla del blu (gli sbalzi d'umore sono relativi ad una dinamica emotiva associata ad aspetti non materiali, perciò non ci si riferisce al ciano che è un fondamentale della materia piuttosto al blu che è un fondamentale della luce) che rappresenta dubbi ed incertezze relative alla propria volontà. L'eventuale presenza di bianco e/o nero accentuano la gravità degli sbalzi d'umore.

5 Cerato (Piombaggine)
Per chi ha indecisione, bisogno di continui consigli anche se poi ne fa a meno.
Colori: assenza o presenza multipla di viola, assenza o presenza multipla di verde (poca autostima: bisogno di consigli), doppio o multiplo arancione (cerca gli altri, ma in modo conflittuale: poi ne fa a meno), presenza equilibrata di blu o ciano (fa a meno del consiglio perché in realtà sa cosa vuole almeno ad uno dei due livelli Materiale/Emotivo).

13 Gorse (Ginestrone)
Per chi ha indecisione per mancanza di forza, spera nelle soluzioni degli altri – Rassegnazione/disperazione
Colori: assenza o presenza multipla di viola, arancione equilibrato (una volta: la positiva fiducia verso gli altri), bianco e marrone equilibrato (il marrone equilibrato, insieme al bianco e all'arancione rinforza il senso di dipendenza, di sperare nella soluzione altrui e mette in secondo piano il valore dei risultati concreti raggiunti relativi appunto al marrone perché essi sono falsi/bianco e non in linea con se stessi per mancanza di blu e/o ciano); rosso e/o magenta presenti singolarmente o in modo multiplo con assenza di blu e/o ciano (attività e passionalità buttate al vento se non in sintonia con ciò che è la nostra volontà/blu e desiderio/ciano; inoltre in presenza del bianco tale attività risulta altrettanto "falsa" nei confronti di se stessi e perciò porta a stanchezza); possibile assenza del giallo (mancanza di creatività e ricerca di soluzioni alternative, delegate ad altri).

12 Gentian (Genzianella autunnale)
Per chi ha indecisione di fronte a ostacoli e abbandonano... scoraggiamento/depressione, pessimismo.
Colori: assenza o presenza multipla di viola, assenza di arancione (pessimismo), bianco (passività ed abbandono se in assenza di arancione), assenza di giallo (scarsa ricerca di soluzioni alternative); il rosso e il magenta possono anche essere presenti considerata la compresenza del bianco che fa convergere il loro valore verso attività non rilevanti o rilevanti solo in apparenza, con conseguente scoraggiamento anche per mancanza di risultati concreti (marrone assente o comunque "non valido" in presenza del bianco) in linea con le proprie volontà/desideri. Anche il blu e il ciano possono essere presenti (volontà/desideri) ma sono coperti dal velo di confusione indotto dal bianco).

43

17 Hornbeam (Carpino bianco)
Per chi ha indecisione al mattino - spossatezza temporanea - stanchezza fisica e mentale
Colori: assenza o presenza multipla del viola, bianco (passività), presenza singola o multipla di giallo (ricerca di soluzioni un po' dopo il risveglio), assenza del blu; infatti la consapevolezza emotiva, di ciò che più piace e ci offre stimolo positivo, che ci fa star bene con gli altri, se trascurata ci manda messaggi a livello limite fra conscio e inconscio: appena ci svegliamo; se al risveglio ci sentiamo spossati e se non si tratta solo di aver dormito poco, allora ci stiamo dicendo che le nostre energie durante il giorno sono spese per cose che solo in apparenza ci danno soddisfazione, bisognerebbe fermarsi e ascoltarsi per rivalutare le proprie priorità.

Rimedi per insufficiente interesse per il presente
Come vivere il presente con la forza e la comprensione della nostra evoluzione
Clematis, Honeysuckle, Wild Rose, Olive, White Chestnut, Mustard, Chestnut Bud.

Il concetto di "fuga" rientra appieno nelle dinamiche emotive associate al bianco che quindi rappresenterà l'aspetto principale di questo gruppo di fiori.

9 Clematis (Clematide)
Fuga nel futuro – Per chi sogna ad occhi aperti - confusione - senza interesse - non concretizzano
Colori: presenza del bianco e molteplice dell'arancione, assenza rosso e marrone; il magenta può essere presente perché in presenza del bianco offre un illusorio e confuso benessere tipico del sognatore.

16 Honeysuckle (Caprifoglio comune)
Fuga nel passato – Per chi ha nostalgia.
Colori: presenza del bianco, del nero, di un viola, molteplicità colori blu-ciano-verde, assenza dei colori caldi.

37 Wild Rose (Rosa canina)
Fuga nel continuo cambiamento per mancanza di vitalità, cercando sempre qualcosa di nuovo, abulia, apatia, rassegnazione.
Colori: presenza di doppio bianco, molteplice viola, magenta.

23 Olive
Fuga per stanchezza fisica o mentale dopo un evento stancante, esausti.
Colori: presenza del bianco, assenza del viola, presenza molteplice dei colori freddi e assenza colori caldi.

35 White Chestnut (Ippocastano bianco)
Fuga nei pensieri, mente occupata a pensare e ripensare, confusione.
Colori: presenza del bianco e molteplicità di viola e verde

21 Mustard (Senape selvatica)
Fuga negli sbalzi di umore senza motivi apparenti, melanconia.
Colori: presenza molteplice del bianco (o assenza di blu o di ciano), ripetizione di qualche colore freddo, presenza di rosso o magenta.

7 Chestnut Bud (Gemma di Ippocastano bianco)
Fuga nella ripetizione degli errori, non apprendimento dal passato.
Colori: presenza del bianco e/o del nero; infatti quando uno di questi due colori è presente c'è un richiamo diretto a vecchie dinamiche emotive che si ripetono; non vuol dire che una persona non abbia appreso niente dal passato, piuttosto indica che sta ripetendo una certa esperienza, fosse anche quella di ripetere gli stessi errori, per poter comprendere qualcosa di più profondo: solo allora potrà cambiare esperienza.

Rimedi per la solitudine - Per ritrovare la forza di se stessi
Impatiens, Water Violet, Heather.

L'aspetto comune a questi tre fiori è la solitudine, tuttavia essa ha origini e motivazioni molto diverse, ciò che può accomunarle è l'elemento della "eccessività" che rientra nelle dinamiche emotive del nero.

18 Impatiens (Balsamina dell'Himalaya)
Solitudine per "eccesso di velocità", ritmi veloci. Impazienza.
Colori: la presenza del nero insieme ad una molteplicità di viola caratterizzano l'aspetto dell'impazienza che se sommato ad un rosso o magenta da luogo ad un agire veloce.

34 Water Violet (Violetta d'acqua)
Solitudine per scelta di quiete, notevole saggezza, persone distaccate (non fredde), tensione fisica.
Colori: presenza del nero, assenza del viola del giallo, molteplici blu, ciano e verdi.

14 Heather (Brugo)
Solitudine per eccessiva attenzione su di se, cercano sempre qualcuno che poi però non "regge"
Colori: presenza del nero, molteplicità colori freddi, presenza molteplice dell'arancione.

Rimedi per l'ipersensibilità alle influenze e alle idee
Essere sé stessi e mettersi in gioco
Agrimony, Centaury, Holly, Walnut.

Essere ipersensibili alle influenze esterne è rappresentato da una combinazione fra bianco (passività) e arancione/marrone (gli altri)

1 Agrimony (Agrimonia)
Sorride in presenza di altri, minimizza, fugge per vie oscure (droga, alcool...), tormento celato.
Colori: presenza di bianco con un buon equilibrio generale degli altri colori, presenza di arancione e marrone.

4 Centaury (Centaurea minore)
Dice sempre si anche quando non vorrebbe, mal di schiena.
Colori: presenza di bianco con un buon equilibrio generale degli altri colori, presenza molteplice di arancione.

15 Holly (Agrifoglio)
Prova gelosia, non si fida degli altri. Ossessionato dai pensieri altrui, rabbia, violenti eccessi.
Colori: presenza del bianco, del nero, del rosso, doppio viola, assenza del blu e dell'arancione.

33 Walnut (Noce)
Sensibilità alle influenze esterne nei momenti di cambiamento importanti - insicurezza per i cambiamenti.
Colori: presenza di bianco, assenza o molteplicità di viola e di verde, presenza di arancione.

Rimedi per lo scoraggiamento o la disperazione
Riconquistare la speranza e la gioia
Larch, Elm, Oak, Star of bethelhem, Pine, Willow, Crab Apple, Sweet Chestnut

Nello scoraggiamento e nella disperazione può rientrare sia un basso senso di forza interiore/verde, sia uno scarso ottimismo/arancione, sia un basso livello energetico/rosso-magenta.

19 Larch (Larice comune)
Gli altri sono migliori, non si sa fare nulla, scarsa consapevolezza dell'esperienza, no autostima/perseveranza.
Colori: assenza di verde (no autostima), presenza di arancione (gli altri sono migliori), assenza di blu e di ciano (scarsa consapevolezza).

11 Elm (Olmo inglese)

Troppo pieni di impegni, tutto è troppo, eccessivo carico / sporadico sconforto.
Colori: molteplicità di rosso e magenta (tanti impegni/attività), assenza di blu e ciano (attività non in linea con la propria volontà e i propri desideri con conseguente sconforto).

22 Oak (Quercia)

Non ce la fanno più ma persistono (si spezzano come quercia), disagio quando possono rilassarsi.
Colori: presenza del nero (senso del dovere, persistere anche in condizioni estreme), doppio viola, presenza di rosso o magenta, doppio blu e ciano

29 Star of bethelhem (Ornitogalo)

Energia bloccata da uno Shock emotivo, traumi passati o presenti.
Colori: presenza molteplice di bianco e nero, assenza di rosso e magenta.

24 Pine (Pino silvestre)

Forte senso di colpa. Si addossa le colpe anche degli altri, chiede spesso scusa. Autocritica / commiserazione, rimorso.
Colori: molteplicità di bianco (almeno tre), assenza di verde, presenza di arancione.

38 Willow (Salice giallo)

Non hanno mai responsabilità, gli altri sono immeritatamente più fortunati, autocommiserazione, amarezza, risentimento.
Colori: presenza di verde ("io ok": non ho responsabilità), assenza di arancione e marrone (gli altri "non ok": immeritatamente più fortunati).

10 Crab Apple (Melo selvatico)

Attaccamento alla pulizia, purificazione da tutto ciò che è impuro, decontaminazione, repulsione verso le altre persone)
Colori: presenza del nero, assenza dell'arancione e del marrone.

30 Sweet Chestnut (Castagno dolce)

Come in un tunnel tutto sembra ormai inutile, disperazione mentale, ansia estrema.
Colori: presenza molteplice del nero, assenza di giallo e di marrone (nessun risultato: tutto sembra inutile).

Rimedi per la preoccupazione eccessiva per il benessere altrui
Ri-conoscere l'amore e la sicurezza
Chicory, Vervain, Rock Water, Beech, Vine

La preoccupazione eccessiva per gli altri riguarda le dinamiche collegate all'arancione (tu / ottimismo /fiducia verso l'altro) e al marrone (altri) in rapporto al verde (io – fiducia verso di se).

8 Chicory (Cicoria comune)
Fa tutto per gli altri, amorevole apprensivo, ricatto d'amore (non incondizionato), possessività.
Colori: presenza di molteplice arancione (almeno triplo), nero, un rosso.
31 Vervain (Verbena)
Condivide tutto con gli altri, con bisogno di convincerli, si lascia trasportare troppo dall'entusiasmo. Fanatismo/Dominatori/Accentratori.
Colori: presenza di molteplice arancione (almeno triplo), nero, un rosso, un verde, un blu.

27 Rock Water (acqua di fonte)
Alti ideali che attua con rigidità/schemi per dare esempio agli altri(cambiare gli altri), auto repressione.
Colori: presenza di molteplice arancione, doppio nero, un rosso, un verde, un blu.

3 Beech (Faggio selvatico)
Intolleranza verso ogni piccola cosa degli altri, non sa mettersi nei loro panni/incomprensione.
Colori: presenza di doppio arancione, doppio nero, doppio rosso (essendo doppio evidenzia l'aspetto conflittuale nei rapporti, soprattutto in combinazione col nero), un verde, un ciano, un bianco.

32 Vine (Vite)
Ordina cosa fare, lui sa cosa fare, non prova preoccupazione, mostra eccessiva sicurezza, dittatore. Rigidità fisica.
Colori: presenza di molteplice arancione, molteplice nero, molteplice verde, un rosso e un magenta.

Ricordarsi che l'assenza di un colore o, ancor di più, l'assenza di due colori vicini richiama indirettamente tutte le dinamiche bianche; il ripetersi dei colori rappresenta invece le dinamiche nere.

Esercizi Simbolici Collettivi anti bianco e nero
(Ovvero esercizi base, non personalizzati, adatti a tutti
e già messi in pratica da molte persone; sono quindi "condivisi")

Le tisane o cibi
- Prendere una tisana di the **bianco** (o altra bevanda bianca o cibo bianco) con la propria mamma o con la sua foto davanti o pensando a lei (se il caso sostituire la mamma con un'eventuale altra figura femminile di riferimento). Durante l'esercizio pensare che stiamo dando l'addio a: dipendenza/ passività/ bugie/ sensi di colpa/ confusione; Dopo aver mangiato/bevuto la digestione rappresenta l'elaborazione del bianco e il suo smaltimento finale.
- Prendere una tisana di the **nero** (o altra tisana nera, caffè ecc. o liquirizia, semi di papavero...) con il proprio padre o con la sua foto davanti o pensando a lui (se il caso sostituire il padre con un'eventuale altra figura maschile di riferimento). Durante l'esercizio pensare che stiamo dando l'addio a: rabbia distruttiva/ aggressività/ paure/ schemi rigidi di riferimento. Dopo aver mangiato/bevuto la digestione rappresenta l'elaborazione del nero e il suo smaltimento finale.
    Fra tutto ciò che ci è stato trasmesso <u>sarà trattenuto (assimilazione nella digestione) solo ciò che si ritiene positivo.</u>

La Pasta
- Prepararsi una pasta mista bianca / nera (integrale) e condirla con un sugo all'arrabbiata; mangiarla con madre e padre (o con le alternative descritte nell'esercizio precedente) immaginando che stiamo "bruciando" con il peperoncino, elaborando con la digestione e chiaramente poi "espellendo" tutto ciò che bianco e nero rappresentano (come scritto nell'esercizio precedente);

Il Funerale
-   Scrivere con penna nera su un foglio bianco tutto ciò che ci fa soffrire sia di nero (rabbia, paure, aggressività, critiche subite...) sia di bianco (bisogno/dipendenza da altri, sensi di colpa, passività, confusione...) e poi fargli "il funerale" per esempio "cremando" il foglio (cioè bruciarlo) e magari spargendo le ceneri in un fiume o seppellendolo intero anche in campagna e dargli l'addio.

Il Kuzu
- E' un amido che si estrae dalla radice della pianta del Kuzu Pueraria, usato come addensante ha anche la capacità di abbassare la temperatura corporea in caso di febbre. È Bianca. Metterne un cucchiaio in circa 200-250ml di acqua fredda dentro un pentolino e girare per sciogliere: **l'acqua diverrà bianca.** Accendere a fuoco basso il fornello e continuare a girare. **Quando sarà caldo diverrà traslucido**, quasi trasparente: nel frattempo concentrarsi su ciò che il bianco rappresenta per se e dirgli addio perché a breve, quando sarà caldo e non più bianco, non esisterà più. Quando arriva a bollitura versare **in una tazza di vetro trasparente e guardarci attraverso in direzione del**

colore su cui si sta lavorando in quel momento. In questo modo immaginare che **l'eliminazione del bianco lascerà il posto al colore mancante** e non al nero che invece sarà neutralizzato simbolicamente dall'effetto che il Kuzu ha di abbassare la temperatura/rabbia.

Potrei proporre altri esercizi "collettivi" ma questi sono quelli che realmente sono già stati realizzati da molte persone e perciò si può garantire l'effetto di condivisione collettiva. Il più recente è l'esercizio del Kuzu, ma già un buon numero di persone l'ho ha messo in pratica ed è risultato molto coinvolgente ed emotivamente forte.

Errori Bianchi ed Errori Neri
nella comunicazione empatica

Gli errori della comunicazione sia bianchi che neri si manifestano in varie forme e spesso insieme. La classificazione degli errori prende spunto dai 12 errori della comunicazione di Gordon (1991). Tali errori a volte hanno valore assoluto, talvolta sono tali solo nella situazione in cui qualcuno ci chiede aiuto e noi anziché ascoltarlo in modo costruttivo (ascolto "attivo") lo ascoltiamo mettendo in pratica una o più di tali modalità.

ERRORI NERI

I messaggi neri sono tutti quei messaggi, verbali o non verbali, che includono aggressività e riferimento a schemi rigidi di pensiero e comportamento. Le persone tuttavia possono reagire sia in modalità nera, cioè contro-aggredendo o in modalità bianca, ovvero rendendosi passivi, obbedienti e annullando le proprie capacità. Le contro-reazioni bianche o nere sono molto probabili in un contesto in cui la persona sta male e ci chiede aiuto; tuttavia una persona può neutralizzare il messaggio bianco o nero e rispondere con assertività, ovvero a colori.

1) Ordinare, comandare, esigere.
Esempio: "Smetti di piagnucolare ed esegui subito i passaggi così come ti sono stati indicati!"
- questo messaggio nero può indurre una contro-reazione di rabbia e aggressività (nero) o può rendere passiva la persona che magari si sente in colpa (bianco) per non aver ancora concluso il lavoro nel modo richiesto. È evidente che il messaggio nero non ha tenuto per niente conto dei sentimenti di chi si ha di fronte.
- Possibile risposta assertiva a colori: "Non sai perché piango, comunque credo proprio che posso raggiungere il risultato anche con qualche passaggio differente e che sia più rispettoso di me!".

2) Avvisare, minacciare.
Esempio: "Se vuoi riuscire in questo compito è meglio che stai attento o sarà peggio per te!"
- l'aggressività di questo messaggio può indurre paura tale da inibire le capacità della persona che tenendo dentro di sé la rabbia per la minaccia ricevuta diviene passiva (bianco); oppure contro-reagisce aggredendo (nero).
- Possibile risposta assertiva a colori: "io mi impegno e poi vedremo, in base a come va, cosa si potrà fare".

3) Fare la predica, rimproverare, moraleggiare.
Esempio: "siamo alle solite! Sai che non è bene fare così, devi avere rispetto degli altri! Sei stato proprio cattivo!
- Questa aggressività tende a colpevolizzare l'altro che se aggancia col senso di colpa reagisce in modo "bianco", se invece diviene a sua volta aggressivo reagisce in modo "nero".
- Possibile risposta assertiva a colori: "è vero che ho sbagliato, ma non è sempre così, adesso vado a chiedere scusa".

4) Redarguire, ammonire, fare argomentazioni logiche
Esempio: "Ammetti che sapevi cosa sarebbe successo! devi stare attento a quello che fai, ti è rimasto poco tempo e rischi di non poter ottenere quel lavoro"
- questo rimprovero e questa logica possono stimolare umiliazione e senso di incapacità (bianco) oppure far irritare l'altro (nero).
- Possibile risposta assertiva a colori: "So bene a cosa vado incontro e mentre gestisco alcune difficoltà che tu non conosci troverò il modo per concludere per tempo ciò che ho iniziato".

5) Giudicare, criticare, disapprovare, biasimare.
Esempio: "Non capisco come fai a fare così! Ma ci sei o ci fai? Non va bene fare così!"
- la critica può distruggere l'autostima e l'immagine che uno ha di sé inibendolo (bianco) o può provocare rabbia e aggressività (nero).
- Possibile risposta assertiva a colori: "è proprio vero, non capisci, ci sono delle cose che non sai, inoltre anche se non sei d'accordo con il mio modo di operare io credo che basta correggere solo qualcosa e il resto va bene!".

6) Definire, stereotipare, etichettare, ridicolizzare.
Esempio: "Sei il solito lumacone, fai sempre tutto come una lumaca, non come una persona sveglia e attiva!"
- se l'altro si sente incastrato dall'etichetta assegnatagli con difficoltà ad uscirne e va nella passività reagisce "in bianco", se sentendosi offeso aggredisce allora va nel "nero".
- Possibile risposta assertiva a colori: "è vero che ora sono lento, ma non è sempre così, quando faccio quelle altre cose sono veloce".

51

7) Interpretare, analizzare, diagnosticare.

Esempio: "stai facendo così solo per compiacere tua madre, evidentemente sei ancora legato a lei"

- se l'interpretazione è giusta l'altro può sentirsi capito e si rinforza la dipendenza spostandosi dalla madre a chi ha fatto l'interpretazione (bianco), oppure può sentirsi scoperto e offendersi aggredendo (nero) o chiudendosi in se (bianco). Se l'interpretazione è sbagliata l'altro può sentirsi umiliato e ridicolizzato e reagire sia in bianco che in nero.

- Possibile risposta assertiva a colori: "è vero che mi ispiro a mia madre, semplicemente condivido con lei questa cosa, ma non faccio sempre come lei".

8) Contestare, indagare, mettere in dubbio, sottoporre ad interrogatorio.

Esempio: "Ma sei sicuro di quello che dici? Non ne sono convinto, hai controllato bene? Hai chiesto al collega conferma? Hai rifatto i conti? Hai guardato i fogli vecchi?"

- l'altro può "smarrirsi" in troppe domande ed entrare in confusione (bianco) o può arrabbiarsi gettando un urlo per ottenere silenzio (nero).

- Possibile risposta assertiva a colori: "ho già controllato, comunque ora faccio una verifica così come avevo già organizzato".

ERRORI BIANCHI

I messaggi bianchi sono tutti quei messaggi, verbali o non verbali, che stimolano dipendenza, passività, sensi di colpa, paura di abbandonare o di essere abbandonati, dimenticanze e confusione. Gli errori bianchi abbassano l'autostima in modo più evidente rispetto a quelli neri.

9) Consigliare, dare soluzioni o suggerimenti.

Esempio: "è senz'altro meglio prima fare tutte le telefonate, poi scrivere la relazione; puoi prendere appunti durante le telefonate senza bisogno di registrare"

- il consiglio se gradito può portare a dipendenza (bianco) perché il messaggio è "io so cosa è meglio fare, tu no"; inoltre se il consiglio viene attuato e va a buon fine l'altro imparerà che se ha un problema è meglio chiedere aiuto piuttosto che attivare le proprie risorse interne. L'altro però può anche arrabbiarsi aggredendo (nero) perché si sente sminuito nelle sue capacità, magari voleva solo essere ascoltato per sfogarsi di qualcosa e non voleva consigli.

- Possibile risposta assertiva a colori: "grazie per i consigli, ma non è quello il problema. So già come fare, mi stavo solo sfogando con te per la pesantezza del lavoro".

10) Apprezzare, complimentare, convenire, dare delle valutazioni positive.
Esempio: "Sei bravissimo! È chiaro che riuscirai a risolvere il problema! Sei un gran stratega!"
- se il complimento è eccessivo può essere percepito come manipolazione ed evitamento della richiesta d'aiuto. La reazione può essere sia bianca di chi continua a sentirsi incapace oppure nera se si aggredisce l'interlocutore perché non ci si sente capiti.
- Possibile risposta assertiva a colori: "grazie per l'incoraggiamento, ma in questo momento che non ho ancora trovato una soluzione sto male e volevo condividere la situazione, poi già lo so che un modo lo troverò".

11) Rassicurare, mostrare comprensione, consolare, sostenere.
Esempio: "So che è difficile questa situazione, vedrai che ne uscirai e poi ti verrà da riderci su!"
- la tipica reazione bianca è di chi, adorando "finta" comprensione e "coccole", continua a non risolvere i problemi pur di avere qualcuno che gli stia vicino (bianco/dipendenza); tuttavia il messaggio sminuisce il problema e l'altro può irritarsi reagendo con modalità nera (aggredendo) perché non si sente capito.
- Possibile risposta assertiva a colori: "So che ne uscirò, volevo solo condividere il momento difficile con te".

12) Eludere, distrarre. Fare del sarcasmo, fare dello spirito, cambiare argomento.
Esempio: "Ti sei alzato con la luna storta? Ritorniamo al discorso di prima sul lavoro che dobbiamo svolgere?"
- l'altro può sentirsi sminuito e aggredire (nero) o tenere tutto dentro (bianco)
- Possibile risposta assertiva a colori: "Se non vuoi aiutarmi non preoccuparti, io mi prendo qualche minuto di pausa...".

Ingiunzioni e Contro-ingiunzioni
fra Bianco e Nero

Ingiunzioni (Messaggi BIANCHI e/o NERI che attivano prevalentemente processi legati al BIANCO, atti ad annullare l'altro).

Le ingiunzioni sono messaggi provenuti dai nostri genitori, emessi in relazione alle loro sofferenze personali: tristezza, angoscia, delusione, paura, rabbia, frustrazione...

I *Goulding* hanno stilato una breve lista di ingiunzioni generali che mette in grado di capire meglio se stessi e migliorare così il proprio sviluppo interiore.

La lista di base delle ingiunzioni: Non. Non essere. Non entrare in intimità. Non essere importante. Non essere un bambino. Non crescere. Non avere successo. Non essere te stesso. Non essere sano di mente. Non stare bene in salute. Non far parte.

NEUTRALIZZAZIONE dei messaggi negativi.

Neutralizzare i messaggi restituendone ai genitori la "paternità" ed immaginando nuovi modi di essere sicuri di sé e di esprimersi, ispirandosi ad altri modelli come amici, parenti, insegnanti, attori di film, ecc, oppure inventando da zero un nuovo modo d'essere ascoltando se stessi. Il lavoro sui colori aiuta a liberare le risorse interiori bloccate dai messaggi interiorizzati. Ogni ingiunzione può creare un disequilibrio cromo-emotivo differente, per esempio "non essere un bambino" induce a bloccare l'espressione delle emozioni pure e semplici e quindi ad inibire l'area relativa al rosso (le donne potrebbero soffrire di problemi alle ovaie/zona genitale, infatti quella è la collocazione del colore rosso nel corpo). Oppure "non crescere" indica un blocco al cambiamento (viola) e alla creatività (giallo)... e così via.

Le singole ingiunzioni:

Non: Iperproteggere mettendo dubbi su ogni possibile soluzione, anche su quella più ovvia o semplice. Questa ingiunzione nasce dalla paura dei genitori. A causa della loro paura, diventano iperprotettivi enunciando una serie di "non", non fare questo, non fare quello...". Quando il bambino cresce, il messaggio "non" si svilupperà in: "Ma forse sarebbe meglio se tu ci pensassi ancora un po'". Il bambino diviene insicuro e sviluppa dipendenza entrando nei processi "bianchi".

Non essere: Se ora tu non avessi questo problema staremmo tutti meglio. Vorrei che tu non fossi mai nato... così non avrei dovuto sposare tuo padre. Mi hai squarciato quando sei nato. Questo tipo di messaggi, ripetuti molte volte, anche in modo non verbale, in presenza del bambino, diventano il "mito della nascita", che dice: Se tu non fossi esistito, le nostre vite sarebbero migliori. Tutto ciò induce a un senso di colpa che riporta ai processi bianchi.

Non entrare in intimità: si manifesta quando un genitore scoraggia il bambino dall'avvicinarsi: la mancanza di contatto fisico e di carezze positive inducono questo messaggio. Può capitare che il bambino si dia da solo questa ingiunzione se perde la figura genitoriale di riferimento, per morte o per divorzio, come se si dicesse: "perché entrare in intimità, se poi muoiono", e potrebbe decidere di non entrare mai più in intimità con nessuno. Questo induce ad una chiusura in se stessi che porta a passività (bianco) e distacco emotivo (grigio).

Non essere importante: è un messaggio che arriva per esempio quando si dice spesso al bambino di non disturbare che il papà ha cose importanti da fare... come se il figlio non fosse importante. Il bambino perde così autostima e rischia di sviluppare insicurezza e passività (bianco).

Non essere un bambino: è un messaggio mandato da genitori che chiedono agli altri figli di occuparsi del più piccolo o che trattano i bambini come "ometti" o "donnine" fin dai loro primi passi. È un messaggio che induce a saltare fasi di sviluppo insegnando modi precisi di comportamento, schemi fissi di riferimento (nero). Ogni "mancanza", come il saltare fasi, favorisce il manifestarsi di dinamiche bianche.

Non crescere: tipico messaggio di una madre al suo ultimo bambino o di un padre a una figlia quando comincia a sentire stimoli sessuali e se ne spaventa proibendole di fare le cose che tutte le sue amiche fanno. Restare fermi è indice di passività, quindi si torna alle dinamiche bianche.

Non avere successo: quando "l'allievo supera il maestro"... se il figlio inizia ad essere più bravo del padre/madre, magari in un gioco, ed il genitore smette di giocare insieme a lui manda il messaggio di "divieto di successo, pena abbandono", "se migliori non mi piaci più" (dinamiche bianche); il successo può essere scoraggiato anche con critiche dirette secondo le dinamiche nere.

Non essere te stesso: Tipico messaggio dei genitori che programmano la vita dei figli "a prescindere". "Mio figlio da grande studierà legge e diverrà un avvocato"... genitori che non fanno caso alle predisposizioni e desideri dei figli condannandoli in uno schema predefinito e da loro gradito (messaggio nero) che tende ad annullare la vera essenza del figlio (dinamica bianca).

Non essere sano di mente e Non stare bene: capita di frequente che i figli ottengono attenzioni dai genitori solo quando stanno male (rinforzo negativo), mentre vengono "mollati" quando stanno bene. O ancora possono assentarsi da scuola o riposarsi solo se malati; è una modalità che crea un vortice negativo misto di dinamiche bianche e nere: per non essere abbandonato (bianco) devi soffrire (altro bianco), così puoi esistere solo se malato, ovvero solo se segui uno schema (nero) che in realtà è in contraddizione con l'esistenza stessa ed è quindi una bugia (si torna così al bianco).

Non far parte: messaggio che i genitori inviano quando ovunque si trovano c'è sempre un problema, qualcosa che non va; qualunque gruppo di persone si frequenti, amici o parenti, non vanno bene; luoghi e persone sono "difettosi" e si crea un senso di non appartenenza e di distacco sociale rappresentato dall'equilibrio fra il bianco e il nero: il grigio.

Controingiunzioni

(Messaggi BIANCHI e/o NERI che attivano prevalentemente processi legati al NERO, atti a far fare le cose all'altro in un certo modo).

Le controingiunzioni sono messaggi restrittivi che possono ostacolare la crescita e la flessibilità. Comprendono le **cinque "spinte":** "Sii forte"; "Sforzati"; "Sii perfetto"; "Sbrigati" e "Fallo per me". L'ultima spinta, "fallo per me", è un richiamo alla dipendenza ed uno stimolo al senso di colpa: rientra nelle dinamiche bianche; le prime quattro spinte invece indicano sopratutto una modalità con cui si deve procedere rigidamente: processi neri.

Neutralizzazione: anche qui, come per le ingiunzioni, sarà importante sganciarsi dai messaggi indotti dall'esterno, dai genitori, e liberare sé stessi dando spazio al vero e proprio "essere". Perché bisogna per forza "sbrigarsi, sforzarsi, essere perfetti...''? e poi cosa vuol dire "sii forte''? non vorrà forse dire "non piangere mai" o "non mostrare mai le tue emozioni?''... credo proprio che il messaggio sia quello, invece la vera forza sta nel saper essere sé stessi senza paura di vivere le proprie emozioni, piuttosto sapendole gestire ed esprimere spontaneamente a tutela del proprio ed altrui benessere.

Esercizio Blocco / Sblocco
La Visualizzazione del Blocco Interiore e la Rotazione Antioraria
Esercizio diretto anti bianco e nero

Perché leggere la premessa?
Capire come funziona l'esercizio è importante per evitare le difese della mente: se vi dico muovete il pollice destro avete tutto ciò che occorre per farlo, ma se non avete fiducia in me o nell'utilità di ciò allora non muoverete il dito... per muoverlo (ovvero fare l'esercizio proposto in modo che funzioni veramente) è necessaria qualche spiegazione in più ed ascoltarsi dentro per percepirne l'utilità.

Premessa
Questo esercizio utilizza le immagini che funzioneranno come un fitoterapico, come una pastiglietta: cosa avete mangiato ieri a pranzo? Ecco che anche se non ve lo ricordate subito potete recuperare il ricordo che si trova da qualche parte nel vostro cervello sotto una qualche forma elettrica/chimica... così tutti gli altri ricordi/informazioni anche se non immediatamente disponibili alla mente sono comunque lì, da qualche parte.

Le immagini, come nei sogni, **racchiudono tutte le informazioni di cui disponiamo** e le mettono insieme fra loro sotto forma metaforica / simbolica stimolando emozioni, atteggiamenti e comportamenti spontanei e onnicomprensivi di tutte le informazioni in proprio possesso; capita spesso invece che si prende una decisione con modalità razionale/logica avendo il senso di essere nel "giusto" e magari un attimo dopo ci si "ricorda" di un dettaglio che ci fa cambiare idea sulla decisone presa; chi invece fa le cose in modo spontaneo potrebbe pensare di essere in "errore" e tuttavia difficilmente si sbaglia perché usa in modo fluido tutte le informazioni che possiede anche se al momento non razionalmente disponibili.

Se si va a creare una immagine positiva associata ad una negativa, quest'ultima verrà neutralizzata per via della nuova "stimolazione elettrica" fornita dall'immagine positiva avviando un processo inconscio che ci porterà verso il benessere.

Possibili conseguenze/dinamiche successive all'esercizio: l'attivazione, attraverso le immagini blocco/sblocco, di tutte le nostre risorse interne può spingerci ad **agire** inconsapevolmente **come non avremo mai osato ma avremmo sempre desiderato...** ci si può ritrovare a fare o dire qualcosa per cui ci si potrebbe "razionalmente" pentire in un primo momento per poi accorgersi che invece era proprio la cosa migliore per noi; c'è per esempio chi ha parlato con la propria madre di cose dolorose e soffocate per anni, chi ha svelato bugie al proprio partner con una prima reazione di rabbia e successivo miglioramento del rapporto, chi ha mandato a quel paese qualcuno, chi si è riappacificato con qualcun altro, ecc. Chi ci sta intorno potrebbe spaventarsi o arrabbiarsi nel vederci felici, altri che invece ci avevano ignorato fino a quel momento potrebbero finalmente apprezzarci!

Anche se non c'è una piena comprensione delle immagini emerse durante l'esercizio, le dinamiche conseguenti saranno comunque altrettanto efficaci ed implacabili perché agiranno sulla base del nostro istinto/inconscio... spontaneamente.

L'esercizio proposto si articola in **due parti**: **nella prima**, cioè la visualizzazione del blocco interiore, **l'obiettivo è quello di far emergere un'immagine metaforica reale o astratta che riassuma tutto ciò che "blocca"** e ostacola la persona nel suo benessere; **nella seconda** parte, cioè la rotazione antioraria, l'obiettivo **è quello di cogliere un'immagine di sblocco che "neutralizzi" quella di blocco; Se necessario** si dovrà far emergere anche un'altra **immagine "alternativa"** qualora quella di sblocco dovesse lasciare un vuoto: se per esempio il blocco fosse un muro e lo sblocco fosse una bomba che lo fa esplodere allora dopo l'esplosione cosa ci sarebbe? Ecco la necessità di creare una nuova immagine alternativa per sostenere il benessere. **Possibili ostacoli al benessere:** vedi il capitolo sui boicottaggi.

Prima parte:
La visualizzazione del blocco interiore
L'esercizio funziona meglio se si è letta la premessa.

Quando NON fare questo esercizio: in presenza di forti traumi recenti o comunque ancora "vividi" è sconsigliato questo esercizio; tuttavia se si spiega come funziona la persona saprà decidere se sente che può andare bene per lei oppure no.

Alternativa: in caso di forti traumi è preferibile fare l'esercizio della **Sala degli Specchi** evidenziando che si andranno a cercare immagini legate al presente, al modo in cui si usano le proprie risorse nel presente e al come liberarle a prescindere da qualunque cosa sia successa.

Posizione per l'esercizio
Per questa prima parte è importante mettersi comodi, su sedia o poltrona o letto, senza incrociare ne gambe ne braccia e fare eventuali ulteriori movimenti finché si trova la posizione adatta per non doversi più muovere e lasciare il corpo comodo e fermo... lì...

Ricordiamo che questo primo esercizio ha l'obiettivo di far emergere una immagine che riassuma ciò che ci ostacola, che ci blocca. La posizione senza nulla di incrociato serve per evitare confusione rispetto a ciò che può emergere simbolicamente fra emisfero destro e sinistro.

In questa prima parte (visualizzazione del blocco), al contrario della seconda, è meglio tenere gli occhi chiusi: se non ci si riesce si guarda in basso vicino a se; viceversa nella seconda parte (visualizzazione sblocco) sarà meglio riuscire a tenere gli occhi aperti, per raggiungere risultati concreti, e chiuderli solo se non si riesce nell'esercizio con gli occhi aperti.

Sintesi di alcuni passaggi base:
- Portare l'attenzione al proprio respiro
- Se c'è qualcosa, qualunque cosa che disturba immaginiamo di metterla in un cassetto, o di entrare noi, da soli, in uno spazio protetto, comodo, lasciando tutto il resto fuori.
- Così liberi, senza nulla che possa disturbarci, riportiamo l'attenzione al respiro...
- Rilassiamo tutto il corpo (mani, braccia, spalle, piedi, gambe, busto, collo testa)
- Sentiamo tutto il corpo leggero (mani, braccia...)
- Immaginiamo di essere in alto nella stanza e da li su si può vedere tutto
- Cogliamo l'immagine di blocco

Non parlare ancora... resta rilassato e semplicemente cambia posizione per passare alla seconda parte dell'esercizio: La Rotazione Antioraria e la visualizzazione dell'immagine di sblocco ed eventuale immagine alternativa.

Sottofase: "rilassamento"

La prima cosa da fare è portare l'attenzione al proprio respiro: si dice che non si può non pensare, e siccome vogliamo mettere per un po' a riposo la mente portiamo la sua attenzione al respiro che è una cosa neutra. Se c'è qualcosa, qualunque cosa che disturba immaginiamo di metterla in un cassetto, o una valigia o in un armadio che chiudiamo a chiave... tanto dopo l'esercizio possiamo riprendere tutto, se vogliamo. Se ciò che disturba è troppo allora immaginiamo di entrare noi, da soli, in uno spazio protetto, comodo, lasciando tutto il resto fuori. Così liberi, puliti, senza nulla che possa disturbarci, riportiamo l'attenzione al respiro, semplicemente ascoltiamo come l'aria entra ed esce... (qualche secondo) ... possiamo fare qualche respiro profondo ma senza farci male: mandiamo l'aria fin giù, come ad accarezzare tutti gli organi interni fino al plesso solare, tratteniamo il fiato qualche secondo e poi mandiamo fuori l'aria lentamente: alla metà della velocità con cui è entrata. Un po' di iper ossigenazione aiuta a rilassarsi come quando si va in alta montagna e c'è molto ossigeno... (qualche istante per due o tre respiri profondi)...

Adesso portiamo l'attenzione alle mani, l'obiettivo è di rilassarle: possiamo immaginare i muscoli delle mani che si distendono, si rilasciano... se non riusciamo possiamo contrarre i muscoli delle mani e poi rilasciarli: così sentiremo la differenza e andremo verso il rilassamento. Le mani si rilasciano... lì, così... e il rilassamento si espande piano piano verso su: i polsi fino ai gomiti si rilasciano, i muscoli si distendono e questo rilassamento continua ad espandersi ancora più su fino alle spalle... le braccia ed anche le spalle si rilassano... spalle e collo sono rilassati...

Ora portiamo l'attenzione ai piedi: come per le mani l'obiettivo è rilassarli; anche per i piedi possiamo eventualmente contrarli e rilasciarli ed andare verso il rilassamento... i piedi sono rilassati, i muscoli si rilasciano e il rilassamento si espande dai piedi fino alle caviglie e alle ginocchia... e si espande ancora fin su a tutte le gambe... e piano piano anche tutto il busto si rilassa, si distende: la pancia, la schiena... tutto il busto avanti e dietro fin su, fino al collo si rilascia, si distende e il rilassamento sale fin su al collo e alla testa, i muscoli del viso... intorno agli occhi, le guance... tutta la testa...

Facciamo qualche respiro profondo sentendo tutto il corpo nel suo insieme calmo e rilassato... respiro profondo senza farsi male: mandiamo l'aria fin giù, come ad accarezzare tutti gli organi interni fino al plesso solare, tratteniamo il fiato qualche secondo e poi mandiamo fuori l'aria lentamente: alla metà della velocità con cui è entrata.

Sottofase "leggerezza"

Ora portiamo l'attenzione nuovamente alle mani... ricordiamo che fra un po' faremo emergere un'immagine di blocco che rappresenta tutto ciò che ci ostacola, ma non ora: adesso riportiamo l'attenzione alle mani con l'obiettivo di sentirle leggere: possiamo immaginare che esse siano fatte di un materiale che ci piace tanto e che sia leggero, che tende a galleggiare nell'aria... può essere qualunque cosa... un palloncino che tende ad andare su, o aria stessa... qualunque materiale che ci piace tanto e che tende a galleggiare nell'aria. Le mani sono leggere, come fatte di quel materiale che ci piace tanto e che tende a galleggiare nell'aria... la leggerezza si espande dai polsi fino ai gomiti e piano piano fin su a tutte le braccia... leggere, come fatte di quel materiale leggero che ci piace tanto... ed anche le spalle sono leggere...

Portiamo ora l'attenzione ai piedi: anch'essi come le mani li immaginiamo come fatti di quel materiale che ci piace tanto e che tende a galleggiare nell'aria... i piedi sono leggeri e questa leggerezza si espande dalle caviglie alle ginocchia e piano piano tutte le gambe sono leggere e fin su a tutto il busto... leggero come fatto di quel materiale che ti piace tanto e che tende a galleggiare nell'aria... e poi anche collo e testa sono leggeri... tutto il corpo è leggero: come un astronauta sulla luna, senza gravità tende a galleggiare nell'aria...

Sottofase: "visualizzazione immagine di blocco"

immagina di essere in alto in questa stanza e da lì su puoi vedere tutto, ma proprio tutto, e siccome vedi tutto emerge davanti a te un'immagine che rappresenta ciò che ti ostacola, che ti blocca: può essere qualunque cosa, astratta o concreta... grande o piccola; in bianco e nero o a colori; calda o fredda; liscia o ruvida; può avere qualche odore, profumo o puzza; può esserci qualche suono, musica o rumore; può avere qualche gusto particolare buono o brutto... Ti piace o no questa immagine? Ci sei affezionato/a? comunque sia questa immagine rappresenta ciò che ti ostacola; ora che l'hai vista puoi tornar qui, all'altezza del corpo: fai qualche respiro profondo, muovi un po' le dita delle mani per riattivare la circolazione e lentamente, appena te la senti riapri gli occhi...

Non parlare ancora... resta rilassato e semplicemente cambia posizione per passare alla seconda parte dell'esercizio: La Rotazione Antioraria e la visualizzazione dell'immagine di sblocco ed eventuale immagine alternativa.

60

Seconda parte:
La Rotazione Antioraria e la Visualizzazione dello Sblocco.

Posizione per l'esercizio

Per questa seconda parte ci si mette seduti senza poggiarsi allo schienale: stare leggermente scomodi serve a stare più in contatto con il proprio corpo e quindi con la materialità e poter arrivare così ad uno sblocco che abbia effetti concreti e reali. Le gambe non si accavallano ma restano vicine, i piedi invece si incrociano mettendo più avanti quello sinistro; le mani si uniscono e si appoggiano sulle gambe mettendo quella destra sotto ed unendo le punte dei due pollici.

Ricordiamo che questa seconda parte dell'esercizio ha l'obiettivo di far emergere una immagine di "sblocco" che riassuma ciò che può neutralizzare il "blocco" e deve essere eseguita consecutivamente alla prima fase.
La posizione incrociata serve a favorire il senso di rotazione: il rilassamento seguirà la direzione antioraria allo scopo di richiamare l'idea di andare contro il tempo; infatti le emozioni non hanno tempo e quelle nate nel passato condizionano il presente; per poter favorire il benessere dobbiamo considerare tutto... tutte le emozioni di tutti i tempi e luoghi: ecco quindi l'idea della rotazione antioraria come richiamo simbolico.

In questa seconda parte (visualizzazione dello sblocco), al contrario della prima, è meglio tenere gli occhi aperti: se non ci si riesce almeno le prime volte si potranno chiudere fino a riuscire a tenerli aperti per avere un senso di contatto con la realtà presente, col qui ed ora per trovare uno sblocco che dia risultati concreti e realizzabili.

Sintesi di alcuni passaggi base:
- Portare l'attenzione al proprio respiro
- Se c'è qualcosa, qualunque cosa che disturba immaginiamo di metterla in un cassetto, o di entrare noi, da soli, in uno spazio protetto, comodo, lasciando tutto il resto fuori.
- Così liberi, senza nulla che possa disturbarci, riportiamo l'attenzione al respiro...
- Facciamo il rilassamento a giro: dalla mano sinistra, in senso antiorario, si prosegue al braccio sinistro, spalla sinistra, collo parte sinistra, testa, collo parte destra, spalla destra, braccio e mano destra...
- percepire senso di rotazione antioraria ripercorrendo il giro di rilassamento
- Sentiamo tutto il corpo rilassato, leggero e "vibrante" per scacciare tutto ciò che non c'entra niente!
- Cogliamo l'immagine di sblocco/liberazione
- Cogliamo l'eventuale immagine alternativa

Sottofase: "giro di rilassamento"
La prima cosa da fare è portare l'attenzione al proprio respiro... come nella prima parte mettere via tutto ciò che ci può disturbare o entrare noi in un posto sicuro, comodo e pulito dove niente ci disturba... fare qualche respiro profondo senza farsi male... ... ... portiamo l'attenzione alla mano sinistra, la mano sinistra si rilassa, si distende... se non ci si riesce si può fare come prima: contrarre i muscoli della mano sinistra e poi rilasciarli: avvertita la differenza andiamo verso il rilassamento. Il rilassamento si espande piano piano e sale verso il polso e il gomito sinistro... poi anche i muscoli di tutto il braccio fino alla spalla sinistra si distendono, si rilasciano... il collo, la testa, i muscoli del viso si rilasciano... e il rilassamento si espande poi sulla parte destra del collo... la spalla destra si distende... si rilascia... ed ancora si espande il rilassamento dalla spalla al gomito destro fino al polso... e alla mano destra: si conclude il cerchio di rilassamento che si può ripercorrere a proprio ritmo dalla mano sinistra fino a ri-arrivare a quella destra... con un senso di rotazione antioraria... facciamo un respiro profondo per rilassarci ancora di più.

Sottofase: "leggerezza, vibrazione, pulizia"
Fra un po' coglieremo l'immagine di sblocco, di liberazione, ma non ora... adesso sentiamo ancora questo senso di rotazione antioraria... come se noi stessi stessimo ruotando in senso antiorario con un leggero senso di capogiro; ...avvertiamo anche un senso di leggerezza mentre ruotiamo ed è anche come se stessimo vibrando mentre ruotiamo ed in questo modo tutto ciò che ci disturba si stacca...

Sottofase:
"visualizzazione immagine di sblocco/liberazione"
siamo liberi e puliti e possiamo adesso far emergere l'immagine di sblocco, qualunque essa sia, astratta o concreta rappresenterà ciò che ci libera dal blocco... osserviamo ciò che ci appare... è un'immagine grande o piccola; in bianco e nero o a colori; calda o fredda; liscia o ruvida; può avere qualche odore, profumo o puzza; può esserci qualche suono, musica o rumore; può avere qualche gusto particolare buono o brutto... Ti piace o no questa immagine? È sufficiente di per sé per il tuo benessere o lascia "un vuoto"? se non è sufficiente trova un'immagine alternativa ed osservala... altrimenti osserva ancora quella precedente... ... ... ciò che è emerso rappresenta ciò di cui hai bisogno per liberarti dal blocco attuale... adesso fai un respiro profondo, sgranchisci mani, braccia... se avevi chiuso gli occhi riaprili e l'esercizio è concluso.

Riflessioni Post Esercizio
(vedere anche la premessa per una miglior comprensione)

Prima di qualunque riflessione razionale: tener presente che l'interpretazione di ciò che è emerso può essere parzialmente utile, in particolare offrirà rassicurazione alla mente, alla nostra parte più razionale, ma l'efficacia dell'esercizio va ben oltre; una volta creata l'immagine positiva immediatamente dopo quella di blocco, il processo è attivato: vedi le dinamiche conseguenti all'esercizio descritte in premessa.

Sei riuscita/o a rilassarti? A sentire la leggerezza? A vedere le immagini di blocco e sblocco? Che caratteristiche hanno queste immagini?

Immagine di blocco piacevole:

In questo caso il problema riguarda più l'area del "bianco" cioè della dipendenza (bianco come il latte: richiama la dipendenza dal seno materno) o del senso di colpa: siamo affezionati o legati a qualcosa o a qualcuno e solo l'idea di allontanarcene non ci piace per paura, per esempio, di non farcela da soli, o per senso di colpa di abbandonare chi ci ha aiutati fino ad ora. Infatti spesso l'idea di fare qualcosa che ci piace ma che non è approvata da chi ci ha cresciuti o aiutati ci fa sentire come se li tradissimo e da qui il senso di colpa. Può anche essere che ci sia una tendenza alla bugia o al dimenticare le cose da parte nostra o di qualcuno che ci sta vicino. Infatti se tendo a dipendere da qualcun altro allora probabilmente disattivo la mia capacità di autonomia e aspetto che siano gli altri a fare per me: in questo modo c'è un disimpegno e le cose sfuggono dal proprio controllo e tendono ad essere dimenticate, tanto c'è chi fa per me! Da qui nasce anche la passività, la tendenza a tenere le cose dentro subendo passivamente anche gli attacchi degli altri.

Ho paura di essere abbandonato o di abbandonare qualcuno?

Non faccio quello che veramente vorrei?

Faccio quello che accontenta qualcun altro?

Mi mordo la lingua per "il quieto vivere"?

Tendo a dimenticare le cose o a dire bugie?

O la fa qualcuno che mi sta vicino?

Tendo alla passività e al subire in silenzio gli attacchi tenendo tutto dentro?

Ho paura del successo e di essere felice?*

*N.B.: l'ultima domanda si riferisce al fatto che un'immagine di blocco piacevole può essere indice del fatto che solo immaginare di star bene ci fa paura, anche solo a livello inconscio, e ci fa "bloccare"; da qui la necessità di "abituarsi" al benessere e "disabituarsi" al malessere: l'abitudine altro non è che una dipendenza dalle vecchie modalità (bianco) ma è anche uno schema (nero), quindi bisogna liberarsi dal "bianco" e dal "nero" per poter poi intraprendere la strada dei colori e iniziare col viola che predispone positivamente al cambiamento.

Immagine di blocco sgradevole:

In questo caso il problema riguarda più l'area del "nero" cioè dell'aggressività, delle critiche, degli attacchi diretti contro cui difendersi, schemi che ci vogliono imprigionare e che ci hanno fatto credere che tutto quello che facciamo è sbagliato e ora siamo arrabbiati "neri" (verso "rossi o verdi" di rabbia).

Sono o sono stato molto criticato?
Ogni cosa che faccio o facevo era sbagliata
(secondo qualcun altro)?
Tendo ad aggredire il mio interlocutore anche per piccole cose?
Sono spesso nervoso e agitato?
Devo fare tutto presto e bene?
Ho paura di esprimermi liberamente?
Seguo rigidamente regole e schemi?
C'è chi mi sta "troppo addosso",
che mi fa pressioni o mi obbliga a qualcosa?
Subisco troppe critiche e non riesco ad esprimermi
creativamente come vorrei?

Inventare un esercizio specifico/individuale di Ricalibrazione Cromo-Emotiva

Considerare insieme le immagini sia di Blocco che di Sblocco / Alternative ed ideare un esercizio simbolico... se si conoscono i vissuti della persona si possono integrare per fare un esercizio che oltre ad essere simbolico/astratto abbia dei collegamenti più concreti con la realtà, questo aiuta a sbloccare situazioni specifiche neutralizzando il più possibile le resistenze mentali.

Esempio: l'immagine di Blocco di una persona rappresentava la figura materna che parlava con amore; nella realtà la madre era morta. Nell'immagine di Sblocco la persona si vedeva camminare in un prato con un senso di libertà. L'immagine Alternativa sviluppava quella di sblocco proseguendo la passeggiata lungo un fiume. Nella realtà la persona aveva smesso di "vivere" da quando la madre, alcuni anni prima, era morta. Si comprese che insieme alla madre fu sepolta anche la libertà della persona (presenza di bianco e assenza di Giallo). L'esercizio ideato e messo in pratica fu quello di recarsi presso la tomba della madre, raccogliere un sassolino tendente al rosso (de - seppellire) da li vicino, ringraziare la madre per i suoi insegnamenti, e poi andare in montagna, fare una passeggiata in giorno di sole (per il giallo), lungo un fiume (vedi immagine alternativa) e gettare il sassolino nell'acqua per restituire, alla parte di se che aveva sepolto, la libertà di vivere! L'esercizio fu attuato con estremo coinvolgimento e la persona si sentì "rinata" tanto che riprese a fare ciò che le piaceva e che aveva sempre fatto prima del decesso della madre; ora ha ripreso a vivere!

La Sala degli Specchi
Un Viaggio Interiore profondo nel Presente
Esercizio diretto di lettura dei colori e Ricalibrazione Cromo/emotiva

È uno strumento diagnostico più profondo rispetto al Test delle 11 tavole e ha già una componente di intervento. Si tratta di un esercizio adatto a tutti da eseguire in stato di rilassamento per andare alla ricerca di immagini mentali profonde che forniscano a livello simbolico/metaforico informazioni relative all'area di ogni colore e alle emozioni associate. L'interpretazione generale rispetto ai colori è la stessa proposta per il test, qui inoltre ci sono immagini che possono far capire qualcosa in più sul tipo di dinamica e di utilizzo che la persona fa della risorsa emotiva associata a quel colore.

Nell'esercizio c'è una doppia lettura dei colori intervallata dalla ricerca di un'immagine che possa essere da stimolo per ripristinare i colori non "piacevoli": questa è la componente di intervento simile all'esercizio **Blocco / Sblocco**, ma quest'ultimo è **più concentrato sulla liberazione dal bianco e dal nero,** mentre **la Sala degli Specchi mira direttamente alla Ricalibrazione Cromo-Emotiva basandosi sul Presente.**

Sintesi di alcuni passaggi base:
- Portare l'attenzione al proprio respiro
- Se c'è qualcosa, qualunque cosa che disturba immaginiamo di metterla in un cassetto, o di entrare noi, da soli, in uno spazio protetto, comodo, lasciando tutto il resto fuori.
- Così liberi, senza nulla che possa disturbarci, riportiamo l'attenzione al respiro...
- Rilassiamo tutto il corpo (mani, braccia, spalle, piedi, gambe, busto, collo testa)
- Sentiamo tutto il corpo leggero (mani, braccia...)
- Immaginiamo di essere all'aria aperta
- Discesa nella scala a chiocciola sospesi nell'aria, come volando
- Sala degli Specchi: prima osservazione di ogni specchio colorato da sinistra verso destra, dal nero, bianco, viola... al marrone
- Si va più giù fino alla luce Gialla per cercare un'immagina "Consiglio/riequilibrante"
- Si torna su alla Sala degli Specchi per vedere se e cosa è cambiato nei vari specchi colorati da sinistra verso destra
- Si torna su al punto di partenza per concludere

Posizione per l'esercizio
Per questo esercizio è importante mettersi comodi, su sedia o poltrona o letto, senza incrociare ne gambe ne braccia e fare eventuali ulteriori movimenti finché si trova la posizione adatta per non doversi più muovere e lasciare il corpo comodo e fermo... lì...

Ricordarsi che l'obiettivo è di andare in profondità (non è ipnosi ma rilassamento profondo) dentro se stessi a cogliere immagini simboliche ed eventualmente "aggiustarle" per godere dei benefici di una Ricalibrazione Cromo-Emotiva.

Sottofase: "rilassamento": vedi i passaggi della prima parte dell'esercizio Blocco/ Sblocco - l'importante è arrivare a percepire tutto il corpo rilassato, se si preferisce si possono usare anche altre modalità.

Sottofase: "leggerezza": vedi prima parte esercizio Blocco/ Sblocco – l'obiettivo è percepire il corpo leggero. Chi è abituato a fare Traning Autogeno con la "pesantezza" può avere qualche difficoltà, tuttavia se si è liberi e creativi ci si dovrebbe riuscire; in caso contrario arrivare a percepire la leggerezza sarà un risultato di per sé terapeutico!

Sottofase: "discesa interiore"

...raggiunta la **leggerezza** immaginare di essere all'aria aperta, in campagna ed essendo leggeri accorgersi di essere un po' più in alto del terreno, **sospesi nell'aria**. Appare di fronte una **scala a chiocciola che va verso giù dentro al terreno in senso antiorario**; il tutto è **illuminato da una luce color Indaco**, ovvero un blu un po' più scuro e tendente al violetto: è il colore del sesto senso nel presente, aiuterà a cogliere tutto ciò che serve per vivere a colori; **iniziare a scendere** senza toccare né il terreno né la scala, sempre sospesi, **come volando... con la propria essenza** si segue la discesa nella scala, illuminata con l'indaco, in senso antiorario. È la propria essenza che inizia il percorso di ricerca interiore... Mentre si scende piano piano, pochi gradini per volta, sempre sospesi nell'aria, ci si accorge improvvisamente di essere già qualche piano più giù... e continuando a scendere lentamente qualche piano, ci si accorge di essere molto più giù... continuando si avverte un senso di discesa che lascia una sensazione quasi di vuoto... e si è sempre più giù... cento e poi mille piani più giù... tutto è illuminato color indaco... e ancora più giù col senso di vuoto... e di libertà. A questo punto **appare una stanza**, entrando si vedranno **una serie di specchi** da sinistra verso destra in cerchio, tutti **grandi quanto se stessi**.

Il primo **specchio** a sinistra è **Nero**, ci si avvicina e si potrà vedere riflessa qualunque immagine, astratta o concreta. Osservare... Cosa emerge? Emerge qualcosa oppure no? La facilità o difficoltà di cogliere un'immagine, la gradevolezza o meno e qualunque cosa essa rappresenti è collegata agli schemi rigidi di riferimento e alla possibile aggressività; un po' più a destra c'è lo specchio **Bianco**... cosa riflette? ...Qualunque sia l'immagine essa indica la nostra capacità di essere o non essere dipendenti emotivamente da qualcuno o qualcosa, di sentirci o meno in colpa; segue lo specchio **Viola**... quale immagine appare? Essa è indicativa della propria capacità di essere predisposti positivamente al cambiamento. Un po' più a destra c'è lo specchio **Blu**... Osservare... qualunque cosa rifletta sarà indicativo della propria capacità di essere emotivamente tranquilli e consapevoli delle proprie volontà. Più a destra ancora lo specchio **Ciano**... cosa emerge? qualunque cosa rifletta sarà indicativo della propria capacità di essere tranquilli e consapevoli sul paino materiale; poi più a destra lo specchio **Verde**... cosa appare? Rappresenta la propria forza interiore, l'autostima e la creatività emotivo/astratta. Segue più a destra lo specchio **Giallo**: capacità di essere liberi e creativi razionalmente. E poi lo specchio **Arancione**: ottimismo, fiducia verso l'esterno. Ancora più a destra lo specchio **Rosso**: cosa riflette? Qui c'è rappresentata la propria capacità di essere attivi, energici e passionali sul piano emotivo/relazionale; poi il **Magenta**: cosa riflette? Qui c'è rappresentata la propria capacità di essere attivi, energici e passionali ma sul piano materiale; poi il **Marrone**: concretezza, praticità, risultati concreti. Quali colori/emozioni sono "Ok" e quali invece lasciano dubbi? Anche quelle "ok" potrebbero nascondere qualche "blocco"... perciò liberi da giudizi **si riprende la discesa** nella scala a chiocciola in senso antiorario... leggeri e sospesi nell'aria **come volando** si va più giù **per cercare un'immagine che possa aiutare a riequilibrare ciò che è emerso** nei vari specchi... piano piano si scende e ci si ritrova già molto più giù... ed ancora più giù, lentamente si scende e improvvisamente si è ancora molto più giù... **sempre più in profondità...** finché una **luce gialla** inizia ad illuminare tutto sostituendo l'indaco. Il Giallo simbolo di libertà **lascerà emergere un'immagine consiglio** qualunque, astratta o concreta, anche del proprio passato, che sia utile per un riequilibrio cromo/emotivo. Cogliere l'immagine e osservarla, se si modifica, se è calda o fredda, liscia o ruvida, con odori, sapori, suoni... qualunque cosa sia è **importante per il proprio benessere** e con questa consapevolezza **si ritorna su**, salendo la scala a chiocciola, leggeri e sospesi nell'aria... lentamente... e ci si ritrova sempre più su, la luce è nuovamente indaco, fino **alla sala degli specchi**: ci si rientra e si da **uno sguardo a tutti gli specchi** per vedere se è cambiato qualcosa e in quali colori... da sinistra verso destra si riosservano per alcuni secondi gli specchi Nero... Bianco... Viola... Blu... Ciano... Verde... Giallo... Arancione... Rosso... Magenta... Marrone... tornare su qualche specchio a piacere ed eventualmente stimolare qualche cambiamento nelle immagini... **poi tornare su**... lentamente, leggeri e sospesi nell'aria... quando si arriva **al punto di partenza fermarsi**, mettersi con i piedi poggiati sulla terra, guardarsi intorno e osservare se è cambiato qualcosa nell'ambiente, poi fare qualche respiro profondo e prendersi una decina di secondi per sgranchire le dita, poi le mani, i piedi, braccia e gambe e lentamente **riaprire gli occhi**!

Per cogliere il senso di quanto emerso fare riferimento alle indicazioni riportate per l'esercizio "Blocco / Sblocco"... e anche se razionalmente non si capisce il tutto... emotivamente e spontaneamente le immagini hanno stimolato una reazione interiore che porterà ad azioni concrete, istintive e dirette al proprio benessere.

Si può **ideare un esercizio apposito** di Ricalibrazione Cromo-Emotiva partendo dalle immagini emerse: vedi esempio riportato per l'esercizio Blocco/Sblocco.

Esempio

Risultati Sala degli Specchi (con numero di colori ridotto) **di Anonima 1**

Specchio :	Immagine in discesa	Immagine in risalita
Viola	Una caramella	Mia cugina e la caramella che mangiavo da piccola insieme a lei
Blu	Paesaggio – Mare - Spiaggia	Stessa immagine
Verde	Difficoltà a visualizzare, immagino l'erba	Maggiore difficoltà, penso all'erba... vuoto
Giallo	Sole, come lo disegnavo da piccola	Stessa immagine
Arancione	Tavola apparecchiata	Persone attorno alla tavola, si sentono le chiacchiere
Rosso	Rametto di corallo	Stessa immagine
Marrone	Difficoltà a visualizzare, emerge un campo di calcio in sterrato	campagna non fiorita, si vede la terra, non più solo sterrato
Rosa	Un grande fiocco rosa	Stessa immagine
Nella luce Gialla	Un sole, si avverte la sensazione del calore, tepore sul viso.	

Apparentemente il viola sembrerebbe avere un'immagine gradevole e positiva con la caramella, ma essa è statica a fronte di un colore che rappresenta predisposizione al cambiamento: e dopo il passaggio nella luce gialla che stimola uno sviluppo laddove è necessario, emerge come il viola era chiaramente un punto debole: infatti un qualcosa di buono, la caramella, era lì come qualcosa di statico... mancava qualcosa, mancava l'emozione, il ricordo associato a quando giocava da piccola con la cugina. Il blu si mostra semplice ed equilibrato, ciò che invece risulta problematico, salendo di livello nella piramide cromo emotiva, è il verde. Una fiducia in sé che, usando parole della persona, si può definire "razionalizzata", e quindi andando a cercare l'immagine... appare il "vuoto". Dal colloquio è chiaro che la persona mostrava notevoli incertezze di cui sin ora non si era quasi resa conto (effetto bianco): una particolare situazione di vita l'ha messa alla prova facendo emergere tutti i dubbi che aveva su di sé e creando un momento critico nel suo equilibrio emotivo. Dalla Sala degli Specchi si ha conferma della stabilità del giallo, ovvero delle capacità creativa. L'arancione invece nello specchio si mostra come potenzialmente buono (tavola apparecchiata) per poi migliorare con l'aggiunta delle persone: l'arancione è sia ottimismo che fiducia verso gli altri, quindi il riequilibrio del viola cha ha riaperto alle emozioni e al rapporto con altri (con la cugina) ha anche favorito il riaprirsi ad un ottimismo più equilibrato e completo (non solo la tavola apparecchiata ma anche le persone). Il rosso si presenta nello specchio stabile e di "valore" (rametto di corallo), una presenza forte. Il marrone manca come immagine che emerge a fatica... così come a fatica arrivano i risultati concreti delle azioni compiute nella vita quotidiana della persona. Il rosa si presenta nello specchio con un richiamo al desiderio di "iniziare" (viola) a prendersi "grandemente" (fiocco grande) cura di sé. E nella luce gialla emerge un richiamo a ciò che era già apparso nel colore più stabile: il giallo – il sole, con l'aggiunta di sensazioni che richiamano l'aspetto emozionale, il calore: metafora di affetto.

In sintesi:

Lo squilibrio emotivo creatosi in seguito ai vari eventi della vita ha portato la persona a chiudersi rispetto ai cambiamenti (viola mancante) indebolendo leggermente la capacità di stare tranquilla (blu), consentendo un uso rigido delle proprie abilità o mettendo dubbi su di esse: autostima (verde), ottimismo (arancione) e passione (rosso) fino a inibire la possibilità di raggiungere dei risultati concreti (marrone) che soddisfassero i propri desideri (rosa).

Sintesi per "Anonima 1"

Colore	Risultato
Viola	Comunicazione carente – difficoltà ad affrontare il cambiamento
Blu	Parzialmente carente Poca tranquillità in prevalenza nell'area lavorativa, poca consapevolezza nell'area relazionale
Verde	Comunicazione forzata - distorta. Autostima razionalizzata
Giallo	Presente – punto forza Creatività buona
Arancione	Comunicazione forzata Fiducia verso altri a discapito di quella verso di sé
Rosso	Energia presente ma usata male, seguendo schemi precisi.
Marrone	Comunicazione distorta che si riversa nella mancanza di risultati concreti.
Rosa	Desideri propri messi da parte.

Durante le sedute di terapia "Anonima1" si mostra determinata a voler uscire dal senso di disagio che prova (cambiamento: viola) e prende consapevolezza (blu) che il problema di mettere da parte sé stessa (bianco) cercando di soddisfare gli altri (arancione) era presente anche con gli amici e non solo a lavoro. Inizia così a rivalutare le sue capacità (verde) i suoi desideri (rosso/rosa) realizzando cose concrete (marrone) come nuovi hobby e nuove amicizie rapportandosi agli altri (arancione) in modo equilibrato senza più essere passiva (bianco) ma determinata e flessibile nell'esprimere sé stessa ritrovando un rinnovata libertà (giallo) ed entusiasmo (rosso).

Spesso sento persone a distanza di tempo e chiedo:
- "cosa è successo di differente dopo gli esercizi?"
- "Mah... niente di che. Sai che ho parlato a mia madre di quella cosa li..."
- "e come è andata?
- "bene, bene, ora va molto meglio"
- "Ma prima non eri mai riuscita in questo?
- "no. Mai... opsh! Hai ragione! Ho fatto qualcosa di molto diverso!

Le persone spesso non si rendono conto di queste differenze perché il processo è così leggero e spontaneo che sembra di fare cose sempre fatte... con naturalezza come è piacevole che sia!

Attenzione: potreste non ricordare questo esempio e non accorgervi dei cambiamenti, invece è giusto che anche la mente sappia i progressi che sono stati fatti per rinforzare l'autostima (il verde).

Il **colore rosa** era presente nel mio precedente test dei colori e rappresenta la gentilezza e il prendersi cura di sé. Tuttavia è un mix di rosso e bianco e ho deciso di non utilizzarlo nel nuovo test.

Esempio Sala degli Specchi – Anonima 2

(stessa persona di "anonima 2" del test dei colori eseguito circa uno mese dopo questo esercizio):

IN DISCESA
Bianco: io dentro con la mano poggiata verso fuori che sbattevo il vetro dal fastidio (come voler uscire)
Nero: delle ... tipo delle strisce di stoffa rosso e viola attaccate da su e mosse dal vento come le tendine per non far entrare le mosche, ma di cotone
Viola: non ricordo, forse qualche pallina... leggera di plastica... no saprei
Blu: non ricordo, c'era una caverna buia buia era un rifugio per non essere vista
Ciano: idem... entravo e uscivo le mani attraverso lo specchio (tu da fuori?) si
Verde: io con una muta da sub che giravo in acqua, da giù a su e da su a giù e si girava, si metteva tutto sottosopra (ti piaceva?) si, un pò stancante alla fine
giallo: ricordo poco... fiamme, fuoco
arancione: buche nel terreno secco argilloso e chiaro da quanto era secco
rosso: un militare seduto dentro lo specchio... lo vedevo, lui era li e non poteva farci niente
magenta: delle caraffe di acqua e pallette / sferette viola grandi - c'era anche vento
marrone: tutto fango sporco, anche fuori dallo specchio
LUCE GIALLO: fuoco, molto fuoco, fuochissimo, io di fuoco in mezzo al fuoco

IN RISALITA:
bianco: non ricordo, un pò di vento
nero: vuoto e spento
viola: non ricordo

70

blu: forse qualche riflesso
ciano: qualche albero
verde: non ricordo
giallo: fuoco e fiamme più di prima anche fuori dallo specchio
Arancione: due buche piene
Rosso: non ricordo
Magenta idem
marrone: un omino che scava dentro il fango, tutto curvo

LETTURA:

Ti senti intrappolata nelle bugie e falsità e contemporaneamente nei sensi di colpa (specchio bianco) che, pur con qualche desiderio di cambiamento (viola / qualche pallina leggera) generano confusione non consentendo di "vedere" le proprie volontà più profonde (blu/caverna buia), mentre per i desideri più materiali sembri in una fase di sperimentazione (ciano: mani dentro/fuori). Sembra che la fiducia in te stessa sia buona ma che il processo creativo/emotivo associato sia sovra caricato da troppi pensieri (verde / stancante)
Rispetto alla ricerca creativa di soluzioni emerge tanta rabbia e voglia di riniziare da zero (giallo / fiamme) con un ottimismo di base limitato a due persone (due buche piene nell'arancione in risalita): tu e tuo marito che immagini impegnato nella ricerca di risultati concreti ma con sforzo (marrone: omino che scava... tutto curvo). Le dinamiche nere con gli agganci agli schemi e alle rigidità e con un iniziale labile confine, perdono di potere e senso in risalita (nero: vuoto e spento) mentre acquista un senso la possibilità di desiderare qualcosa a livello materiale (ciano: qualche albero). La possibilità di godere delle cose sia materiali che emotive (magenta e rosso) è molto limitata o assente.
Utile esercitarsi ogni giorno a cogliere piccoli piaceri nella vita quotidiana, godere di almeno una piccola cosa materiale e una relazionale ogni giorno... apprezzarla fino in fondo per allenare la capacità di essere felici.

Un viaggio negli UV- Infrarossi:
fra Passato e Futuro

Le proprietà benefiche delle radiazioni infrarosse sono metafora di vita, e rappresentano il Futuro, infatti se c'è vita c'è futuro! (C'è chi considera infrarossi "passato" e UV "futuro"... l'esercizio l'ho ideato appositamente affinché vada ben in ogni caso, rompendo gli schemi temporali).

Le radiazioni ultraviolette (UV) rappresentano il Passato: utile per il presente ma da ri-elaborare per evitarne gli effetti negativi. Gli UV sono utili anche per "ri-conoscere" le falsificazioni, i cibi scaduti... quindi utili per 'analizzare-scoprire' e "sapere di nuovo" le cose: ri-conoscere=conoscere nuovamente; così si ritorna al passato... e il passato diviene presente e quindi modificabile. Infrarosso e Ultravioletto rappresentano la zona del Sesto Senso, la capacità di cogliere le cose, di comunicare e rapportarsi agli altri in modo empatico, intuitivo e oltre la comprensione razionale e temporale.

Mentre i colori nel campo del visibile sfumano uno nell'altro, fra il viola e il rosso c'è il campo del non visibile, la zona del Sesto Senso fra infrarossi oltre il rosso (futuro) e ultravioletti oltre i viola (passato), quindi la comunicazione fra Volontà (Blu) e azione/passione (rosso/magenta) avviene sia a livello conscio (zona del viola che è metà blu e metà rosso) sia in modo non pienamente consapevole, piuttosto in modalità inconscia e diverse informazioni fluiscono in questo scambio comunicativo portando ad agire talvolta in modi apparentemente inspiegabili, almeno a livello razionale. Il Viola quindi rappresenta l'esito conscio e visibile di una comunicazione ben più ampia che si sviluppa su un altro livello.

Questo Esercizio ha l'obiettivo di cogliere **due immagini: una nel Passato e una nel Futuro** che illustrino cosa potrà avvenire a partire dalla situazione attuale; queste immagini aiuteranno ad auto orientarsi consapevolmente o istintivamente per correggere il Presente in modo da favorire un benessere senza tempo. Ci si accorgerà che l'immagine del passato apparirà in un contesto associato al futuro e viceversa l'immagine del futuro sarà in un contesto associato al passato rompendo gli schemi del tempo e restituendo libertà al nostro "ESSERE" che il tempo non sa cosa sia.

Sintesi di alcuni passaggi base:

- Rilassamento - Leggerezza... come volando...
- Entrare nella galleria sulla Sinistra con le pareti prima magenta, poi rosse, poi arancione, gialle, verde, ciano, blu, viola... andando sempre più veloci...
- Si esce dalla galleria e si arriva "nel vuoto" con una luce UV che evidenzia intorno tante gallerie con ingresso viola, quella da cui si è arrivati è la più riconoscibile. Si entra in una galleria fra le tante che porterà ad uno specifico passato... le pareti da viola arriveranno al magenta...
- si arriva poi in un ambiente con radiazioni infrarosse... lasciar emergere un'immagine associata al passato, importante per il presente.

- tornare indietro dalla galleria: pareti dal magenta fino al viola... poi nell'ambiente UV rientrare nella galleria iniziale: pareti dal viola fino al magenta... sino al punto iniziale.
- Entrare nella galleria sulla Destra con le pareti prima viola... fino al magenta
- Si esce dalla galleria e si arriva "nel vuoto" con radiazioni infrarosse che lasciano scorgere tante gallerie con ingresso magenta, quella da cui si è arrivati è la più riconoscibile. Si entra in una galleria fra le tante che porterà ad uno specifico futuro, le pareti da magenta arriveranno al viola...
- Si arriva poi in un ambiente con una luce UV, lasciar emergere un'immagine che rappresenta il possibile futuro a cui si può arrivare se le cose stanno come sono ora
- tornare indietro dalla galleria: pareti dal viola fino al magenta... poi nell'ambiente a infrarossi rientrare nella galleria iniziale: pareti dal magenta fino al viola... sino all'inizio.
- qualche respiro profondo, riattivare il corpo e aprire gli occhi.

Esecuzione dell'esercizio:
Può essere attuato inserendolo come parte finale dell'esercizio della Sala degli Specchi oppure come descritto di seguito:

- **Sottofase: "rilassamento":** come nella prima parte esercizio Blocco/ Sblocco;
- **Sottofase: "leggerezza":** come nella prima parte esercizio Blocco/ Sblocco;

- **Sottofase: "Viaggio UltraVioletto: nel Passato"**
...raggiunta la leggerezza immaginare di essere all'aria aperta, in campagna ed essendo leggeri accorgersi di essere un po' più in alto del terreno, sospesi nell'aria...
(In questo punto ci si ri-arriva anche alla fine dell'esercizio della Sala degli Specchi e prima di concluderlo si può proseguire guardando sulla sinistra...)
Guardando sulla sinistra si vede una galleria nella montagna, le pareti sono magenta, ci si avvicina come volando... con la propria essenza... e si entra nella galleria con le pareti magenta come volando... anche se c'è buio si vede lo stesso... le pareti da magenta divengono rosse, poi arancione... poi si è più veloci ... le pareti diventano gialle... si è veloci come la luce e ogni rumore sparisce... più veloci della luce... pareti verdi... ciano... blu... viola... si arriva in uno spazio tridimensionale ampio come essere "nel vuoto" al centro di una sfera e una luce UltraVioletta mette in evidenza una serie di gallerie tutte intorno che iniziano con le pareti Viola, quella da cui si è arrivati è la più riconoscibile... Gli UV ci consento di mettere in evidenza gli ingressi verso ricordi del nostro passato... a sensazione senza pensarci scegliere una galleria viola che ci porterà verso uno specifico passato ed entrarci leggeri come volando... si va sempre più veloci e le pareti da viola diventano blu, poi ciano, verdi, gialle... più veloci della luce... pareti arancione... rosse... magenta... si arriva in un ambiente con radiazioni infrarosse che simboleggiano il futuro: infatti ciò che è passato

diviene futuro che ora è presente... senza preoccuparsi di capire questo gioco dei tempi accorgersi che lo schema temporale è infranto e lasciar emergere un'immagine che associata inizialmente al passato abbia importanza nel presente e per il futuro... osservare questa immagine... è grande o piccola... calda o fredda... in bianco e nero o a colori, ci sono odori... suoni... sapori...? È piacevole o spiacevole... che emozioni suscita... con questa consapevolezza tornare indietro seguendo il percorso inverso: rientrate leggeri come volando nella galleria con le pareti magenta... si va sempre più veloci, le pareti diventano rosse... arancione, gialle, verdi, ciano, blu, viola... si arriva nell'ambiente UltraVioletto, qui si riconosce la galleria da cui si è arrivati con le pareti viola... ci si entra e si va sempre più veloci... le pareti diventano blu... ciano, verdi, gialle, arancione, rosse, magenta... si arriva al punto di partenza.

- Sottofase: "Viaggio Infrarossi: nel Futuro"
Dal punto di partenza guardando sulla destra si vede una galleria nella montagna, le pareti sono viola, ci si avvicina come volando... con la propria essenza... e si entra nella galleria con le pareti viola come volando... anche se c'è buio si vede lo stesso... le pareti da viola divengono blu... la galleria è ampia... si va sempre più veloci... le pareti ora sono ciano, poi verdi... ancora più veloci... poi le pareti sono gialle... ora si è veloci come la luce e ogni rumore sparisce... le pareti diventano arancione... più veloci della luce... rosse... magenta... si arriva in uno spazio tridimensionale ampio come essere "nel vuoto" al centro di una sfera con Radiazioni Infrarosse dove emergono una serie di gallerie tutte intorno che iniziano con le pareti magenta, quella da cui si è usciti è la più riconoscibile... Le Radiazioni Infrarosse favoriscono il benessere sostenendo il futuro... a sensazione senza pensarci scegliere una galleria magenta ed entrarci leggeri come volando... si va sempre più veloci e le pareti da magenta diventano rosse... arancione... più veloci... pareti gialle... più veloci della luce... verdi, blu, ciano, viola... si arriva in un ambiente con radiazioni UltraViolette che simboleggiano il Passato: infatti ciò che è futuro diviene presente e sarà passato... senza preoccuparsi di capire questo gioco dei tempi accorgersi che lo schema temporale è infranto e lasciar emergere un'immagine che associata inizialmente al futuro abbia importanza nel presente e per revisionare il passato... osservare questa immagine... è grande o piccola... calda o fredda... in bianco e nero o a colori, ci sono odori... suoni... sapori...? È piacevole o spiacevole... che emozioni suscita... con questa consapevolezza tornare indietro seguendo il percorso inverso: rientrate leggeri come volando nella galleria con le pareti viola... si va sempre più veloci, le pareti diventano blu, ciano, verdi, gialle, arancione, rosse, magenta... si arriva nell'ambiente Infrarossi, qui si riconosce la galleria da cui si è arrivati con le pareti magenta... ci si entra e si va sempre più veloci... le pareti diventano rosse, arancione, gialle... veloci come la luce...verdi, blu, ciano, viola... si arriva al punto di partenza.

...Fare qualche respiro profondo... sgranchire dita, mani. Piedi, gambe, braccia... aprire lentamente gli occhi.

Tutto ciò che è emerso non richiede necessariamente una interpretazione... e se la si fa, tener presente che è solo "un contentino" che si offre alla mente... anche lei vuole la sua parte; è importante ricordare che le immagini simboliche agiranno comunque a livello inconscio favorendo dei cambiamenti interiori e con risultati pratici.

Spesso sento persone a distanza di tempo e chiedo:
- "cosa è successo di differente dopo gli esercizi?"
- "Mah... niente di che. Sai... ho parlato a mia madre di quella cosa li..."
- "e come è andata?
- "bene, bene, ora va molto meglio"
- "Ma prima non eri mai riuscita in questo?
- "no. Mai... opsh! Hai ragione! Ho fatto qualcosa di molto diverso!

Le persone spesso non si rendono conto di queste differenze perché il processo è così leggero e spontaneo che sembra di fare cose sempre fatte... con naturalezza come è piacevole che sia!
Attenzione: potreste non ricordare questo esempio e non accorgervi dei cambiamenti, invece è giusto che anche la mente sappia i progressi che sono stati fatti per rinforzare l'autostima (il verde) ; infatti la Mente ha bisogno di queste informazioni affinché la comunicazione interiore sia più chiara e si neutralizzino le interferenze bianche.

In caso di difficoltà a visualizzare immagini

Talvolta capita che qualcuno abbia difficoltà a visualizzare immagini in stato di rilassamento, ciò può essere dovuto a resistenze al cambiamento, paure o a qualche motivo specifico individuale. Salvo casi specifici da valutare singolarmente, in generale per superare tale ostacolo di visualizzazione invito, durante gli esercizi, a cercare l'immagine e, se proprio non "appare" nulla, allora provare a "dipingere" qualcosa (anche negli specchi colorati)... dipingere la prima cosa che viene in mente ed osservarla seguendo le indicazioni dell'esercizio. Anche se la componente "Mentale" in queste immagini "dipinte" è più presente, l'esercizio funziona comunque molto bene grazie agli stessi principi base dei test proiettivi già comprovati.

Paura di essere felici
Boicottaggi interni ed esterni

Ti è passato quel senso di soffocamento al petto che avvertivi? ... "aiuto, sì!" ... "perché 'aiuto'?": ecco la paura di essere felici che ci fa spaventare di fronte al successo. Perché? Cosa succede?

Boicottaggi interni
1) L'abitudine: lo star male si conosce! Ce lo insegnano fin da piccoli e quindi sappiamo bene come funziona... sarà doloroso ma conosciuto;
2) La strada nuova: come sarà? Anche se promette felicità è qualcosa che non conosciamo;
3) La dipendenza e il senso di colpa: se prendiamo la strada nuova del benessere si offenderanno i nostri "insegnanti" della vita;
4) Paura di sbagliare: se facciamo qualcosa di diverso da "come si fa" e se "sbagliamo" saremo criticati duramente e prima ancora potremmo criticarci noi stessi.
5) Il lutto: abbandonare il malessere è un cambiamento; ogni cambiamento prevede la fine di qualcosa per l'inizio di un'altra: la fine di quel "qualcosa" equivale proprio alla sua morte, ecco quindi il lutto! Ci hanno insegnato che il lutto è brutto, ma è per forza così?
6) La forza delle emozioni: si scatenano nella loro intensità e anche per un niente possiamo essere super felici o super tristi; non siamo abituati a questa grande forza interiore e rischiamo di bloccarci per paura di quello che può succedere: perché non allenarci e ricordarci di come eravamo emotivamente da piccoli prima che ci inibissero?

Boicottaggi esterni:
1) C'è chi si spaventa e fugge o ci aggredisce o ci fa dispetti quando meno ce lo aspettiamo;
2) C'è chi ci volta le spalle
3) False aspettative: c'è chi sembra "seguirci" e poi ci fa del male a tradimento...
4) Effetto Sistemico: se nel sistema in cui viviamo iniziamo a stare meglio, qualcuno per mantenere l'equilibrio "energetico" starà peggio. ...finché non romperemo definitivamente tale equilibrio per crearne uno nuovo... e dinamico, in continua evoluzione!

Sostegno
1) C'è chi già ci conosceva e si avvicinerà a noi cogliendo la nostra nuova espressività;
2) C'è chi non ci conosce ma ci vorrà conoscere;
3) Ci siamo noi con tutti noi stessi! In ogni Tempo, Spazio, Luogo e Dimensione, in Tutto e Oltre il Tutto

Risoluzione: fai un respiro profondo a occhi chiusi, ascolti la tua sensazione e saprai la verità!

Affrontare con i colori queste paure e gli ostacoli interiori o di chi ci circonda significa intraprendere la strada dell'assertività, dell'espressione pura, semplice ed esplicita di noi stessi.

Meditazione Cromo-Simbolica

La meditazione si svolge in rilassamento partendo da alcune affermazioni enunciate in stato di piena attività mentale per poi sviluppare immagini creative includendo colori specifici o immagini cromo-simboliche associate al significato emotivo sotteso alle affermazioni di partenza.
Le seguenti indicazioni sono proposte per un operatore che le utilizzerà per la conduzione della meditazione rivolta ad una sola persona, può durare anche solo 10 o 15 minuti.
Per condurre una meditazione cromo-simbolica è necessario avere dimestichezza con il linguaggio simbolico e con il significato dei colori.

Consegna pre meditazione:
Pensando alla propria vita scegliere un titolo come se essa fosse un film. In alternativa riferirsi ad una situazione specifica da elaborare e a cui dare un titolo.

A seguire :
- condurre la persona in uno stato di rilassamento a occhi chiusi con propri metodi, o con anche un solo respiro profondo o utilizzando le indicazioni fornite negli esercizi precedenti.
- proporre di immaginare di essere in uno spazio all'aperto
- sviluppare e proporre alla persona uno scenario cromo-simbolico
- proporre alla persona di completare la scena sviluppandola a suo piacimento e appena se la sente fare un respiro profondo e riaprire gli occhi.

Esempio:

Titolo: "Calzetta... come quella che si fa con i ferri"

Osservazioni: la calzetta ai ferri di solito è bella grossa e fa caldo, la persona infatti manifesta spesso i piedi freddi quando vive situazioni difficili. I piedi simbolicamente riguardano la direzione, il colore associato a questo aspetto è il viola che predisponendo al cambiamento fornisce le basi e quindi anche la direzione di un possibile "camminare" successivo.

Immagine proposta:
immaginare di essere all'aperto... ora l'ambiente si sviluppa così: ci sono tanti fiori viola, nel suolo c'è una distesa ampia ricca di fiori di un colore viola intenso (notare che non faccio riferimento ancora a nessun movimento, non dico nulla circa il camminare...). Nel cielo il sole sta per tramontare ma c'è ancora molta luce; dove il sole sta calando il cielo è di colore rosso intenso, mentre alla parte opposta è blu, non azzurro perché la luce è molta ma non come in pieno giorno... (il viola contiene in sé sia rosso che blu: essi sono fondamentali della luce e così ho scelto di proporre tali colori riferendoli a fasci luminosi e non ad oggetti materiali). Ora immagina di iniziare a camminare in mezzo a questa distesa di fiori viola, come ti senti? "come in un abbraccio" (l'abbraccio simbolicamente infonde calore, proprio come una "calzetta"). Ora ti accorgi che ci sono anche alcuni fiori gialli, noti che c'è anche il verde e nel cielo qualche riflesso arancione... come ti senti? "libera" (ho infatti aggiunto i vari colori ancora mancanti nella scena completando il quadro cromo-simbolico di tutte le risorse della persona escludendo il colore marrone che rappresenterebbe i risultati concreti raggiungibili come conseguenza dell'equilibrio interiore). Ora **immagina di sviluppare la scena,** cosa c'è? Cosa succede? "c'è un callello" (=un cagnolino) e poi? È marroncino e gioca con una pallina a riporto (è marrone! Il colore che ancora mancava: la persona è pronta ad usare le sue risorse!). Succede altro? "no". Appena te la senti fai un respiro profondo ed apri gli occhi.
Dopo circa un minuto la persona apre gli occhi, si è rasserenata e i piedi che aveva freddi le sono diventati caldi!

Programma di Ricalibrazione Cromo-Emotiva
"9 settimane e mezzo"

È un programma adatto a tutti, semplice, non richiede grandi conoscenze dell'argomento: è sufficiente conoscere il significato sintetico di ogni colore. Chi però approfondisce l'argomento può trarre maggiori benefici.

I migliori risultati possono essere raggiunti se si seguono prima i seguenti passaggi:
- Lettura Cromo-Emotiva con il test "le 11 Tavole Colorate": aiuta a entrare nel mondo dei colori, a conoscerli e fare una prima lettura "di partenza" dell'equilibrio Cromo-Emotivo
- Almeno uno degli esercizi collettivi di neutralizzazione del bianco e nero
- Esercizio Blocco/Sblocco
- Ideare esercizio personalizzato "post blocco/sblocco" con le informazioni ottenute
- La Sala degli Specchi: un viaggio interiore profondo nel Presente
- Un viaggio negli UV – Infrarossi: fra Passato e Futuro
- Test "le 11 Tavole Colorate": (cogliere le differenze fra la prima lettura e il "post" esercizi)
- Seguire un periodo di circa un mese dedicato al primo colore mancante o ripetuto più volte nella seconda lettura
- Programma di Ricalibrazione Cromo-Emotiva "9 settimane e mezzo"

Prima "Mezza settimana":
La neutralizzazione dei processi "in bianco e nero" (passività/aggressività)

La prima mezza settimana si dedica ad esercizi di elaborazione del bianco e del nero e del lutto derivante dalla fine del malessere: superare la paura di essere felici ed essere consapevoli delle dinamiche che si innesteranno.

Si può entrare molto più vivacemente e positivamente nel modo dei colori se si è già elaborato il blocco del bianco e del nero.

Esercizi: - Realizzare almeno uno degli esercizi "collettivi" anti bianco e nero

- Ideale seguire anche almeno un esercizio con le immagini mentali/simboliche

- Ancora meglio seguire l'intero programma come su descritto

Le 9 settimane successive:
L'ingresso nel modo dei colori, delle emozioni e dell'assertività.

L'ideale è individuare il proprio stato cromo-emotivo almeno con il test "le 11 Tavole Colorate" per avere un'idea del punto di partenza e familiarizzare con il significato dei colori e le dinamiche emotive interiori.

Consapevoli o meno del tipo di equilibrio cromo-emotivo attuale, si può seguire il programma completo dedicando una settimana ad ognuno dei primi otto colori (dal viola al magenta) e infine una settimana a tutti i colori nel loro insieme, compreso il marrone.

Dedicare una settimana ad ogni colore" significa per esempio:
- Mangiare/Bere cibo di quel colore (la maggiore difficoltà è per il blu: i mirtilli, anche se viola all'interno, hanno la buccia blu scuro e possono quindi essere usati, secondo la cromoterapia energetica, anche per questo colore; per esempio il succo di mirtillo, uno yogurt, una marmellata al mirtillo...)
- Vestire con quel colore
- Osservare quel colore nell'ambiente esterno
- Fare esercizi di rilassamento cercando immagini mentali di quel colore
- Avere un oggetto, una pietra o altro di quel colore
- Fare disegni con quel colore
- Cosmetica, trucco, saponette colorate, maschere d'argilla di quel colore...
- Occhiali con lenti colorate, luci colorate...
- Ascoltare le emozioni sia in generale che quelle che ci suscita il colore

L'attenzione al colore funziona in due modi:

1) **Effetto promemoria**; infatti il ricordarsi di quel colore deve essere associato al suo significato specifico e a come la sua mancanza o ripetizione multipla crei problemi di per se e contemporaneamente renda instabili le emozioni collegate ai colori che stanno più in alto nella Piramide Cromo-Emotiva;

2) **Effetto stimolo**: la particolare radiazione luminosa di "quel colore" non da niente di per se ma stimola nell'organismo, sia attraverso la vista che attraverso la pelle, quella nostra parte "addetta" al funzionamento emotivo correlato che evidentemente è al momento "addormentata". Per esempio se manca il Giallo sarà addormentata la nostra parte addetta alla creatività, alla capacità di essere fuori dagli schemi, liberi: lavorare col Giallo significa stimolare questa parte!

Prima settimana: Viola

Dedicarsi al viola e al suo significato: stimola la nostra capacità di affrontare positivamente il cambiamento, il passaggio dal star male al vivere bene. Si tratta di predisporsi ad un cambiamento valutandone le opportunità, ma non di metterlo in pratica subito. Ci si può rilassare perché il cambiamento non è richiesto, si porta l'attenzione solo alle possibilità che andranno poi integrate col "blu" ovvero con ciò che è in linea con la nostra volontà, ciò che a sensazione ci piace. Il viola infatti comprende sia il blu (volontà) che la punta calda (azione... "atto") quindi rappresenta la sintesi di un "atto-di-volontà", ma solo come punto di accordo, come momento di unione e collaborazione fra le nostre parti... l'azione e quindi la realizzazione del cambiamento sarà solo successiva.

Prestare attenzione al fatto che se si passa da una situazione ad un'altra velocemente con continui cambiamenti in realtà non si sta cambiando, si sta fuggendo da un possibile e più profondo cambiamento.

Seconda settimana: Blu

Dedicarsi al blu e al suo significato: stimola la nostra capacità di essere tranquilli, calmi, di ascoltarci dentro ed individuare la nostra Volontà; introspezione/consapevolezza emotiva. Fermarsi di fronte alle scelte, soprattutto quelle relative ai rapporti interpersonali, e chiedersi quale alternativa suscita più emozione e sensazione positiva. Portare con sé tutti i giorni qualcosa di blu.

Terza settimana: Ciano

Dedicarsi al ciano e al suo significato: stimola la nostra capacità di essere tranquilli, calmi, di ascoltarci dentro ed individuare i nostri Desideri; introspezione/consapevolezza materiale. Fermarsi di fronte alle scelte, soprattutto quelle materiali/concrete, e chiedersi quale alternativa suscita più emozione e sensazione positiva. Portare con sé tutti i giorni qualcosa di ciano.

Quarta settimana: Verde

Dedicarsi al verde e al suo significato: stimola la nostra forza interiore, l'autostima. Prestare attenzione a quanto le nostre azioni ci danno valore o ci sminuiscono. Portare con sé tutti i giorni qualcosa di verde.

Quinta settimana: Giallo

Dedicarsi al giallo e al suo significato: stimola la nostra capacità di essere creativi, liberi dagli schemi, fantasiosi e gioiosi. Prestare attenzione a come si utilizza la propria creatività, se si attuano sempre le stesse soluzioni o se si cercano alternative creative per superare eventuali difficoltà o anche semplicemente per divertirsi e crescere sperimentando nuove strade. Portare con sé tutti i giorni qualcosa di giallo.

Sesta settimana: Arancione

Dedicarsi all'arancione e al suo significato: stimola la nostra capacità di essere ottimisti e rapportarci positivamente agli altri; saper cogliere aspetti positivi e pregi nelle persone che ci stanno vicino. Portare con sé tutti i giorni qualcosa di arancione.

Settima settimana: Rosso

Dedicarsi al rosso e al suo significato: stimola la nostra capacità di essere attivi e passionali su un piano emotivo/relazionale e godersi anche piccoli scambi relazionali come un saluto, un sorriso, un apprezzamento. Portare con sé tutti i giorni qualcosa di rosso.

Ottava settimana: Magenta

Dedicarsi al magenta e al suo significato: stimola la nostra capacità di essere attivi e passionali su un piano materiale e di godere anche dei piccoli piaceri, per esempio mangiare una pietanza con gusto, andare a fare una commissione godendosi la "passeggiata", godersi un nuovo acquisto. Portare con sé tutti i giorni qualcosa di magenta.

Nona settimana: "arcobaleno"

Dedicarsi all'insieme dei colori, percepire la ricchezza che "siamo". Considerare l'insieme: Liberi da dipendenza/ passività/ sensi di colpa (bianco) e liberi da aggressività e paure (nero) ci predisponiamo a vivere bene il passaggio

81

dal malessere all'essere felici (viola), ad affrontare il benessere con tranquillità e consapevolezza (Volontà blu / Desideri ciano), credendo in noi stessi e nelle nostre capacità (verde), inventando modi sempre nuovi per essere allegri (giallo), ottimisti nel credere che tutto ciò sia possibile anche nel rapporto con l'altro (arancione), attivandoci con passione ed energia (piano relazionale/emotivo rosso – piano materiale magenta), realizzando anche esperienze concrete (marrone) come conseguenza della crescita interiore.

Esempi di esercizi Cromo-Simbolici/psicologici

Per i seguenti colori ho spesso assegnato questi **esercizi Cromo-Simbolici/psicologici** abbinati ai fiori di Bach.

VIOLA: Individuare un possibile cambiamento senza attuarlo, ma osservando la propria reazione emotiva. Non è un rinviare, piuttosto è un processo meditativo senza essere costretti all'azione: comprese le proprie reazioni emotive può essere che il cambiamento che si vorrà attuare sia ben diverso da quello immaginato all'inizio. Si attuerà se e quando si vorrà.

GIALLO: Inventare ogni giorno una piccola cosa, per esempio una nuova ricetta (inventata, non copiata: il solo cambiamento si riferisce al colore viola, col giallo si "Inventa"), un nuovo gioco da fare, una nuova combinazione di eventi, cambiare anche solo un dettaglio della solita routine, ecc...

ARANCIONE: scrivere tutti i giorni, per un mese (durata relativa all'utilizzo dei fiori di Bach), un piccolo aspetto positivo di una persona a noi vicina per riacquistare o per sostenere la fiducia nei suoi confronti. Ho sottolineato "piccolo", perché le cose importanti arriveranno da sé dopo un buon lavoro alla base della piramide. Tale fiducia rinforzerà "a specchio" la propria autostima esercitandoci a vivere bene l'ottimismo: fidarsi di sé stessi nel gestire i rapporti con gli altri. Si tratta di allenarsi a cogliere le positività di sé stessi attraverso l'osservazione di altre persone.

ROSSO: come per l'arancione scrivere tutti i giorni, per un mese, un piccolo piacere relazionale ed emotivo come un saluto, un sorriso, un apprezzamento.

MAGENTA: scrivere tutti i giorni, per un mese, un piccolo piacere materiale come indicato "nell'ottava settimana".
Se a fine giornata non si è provato piacere per nulla, fermarsi e riviverne un momento fino a percepirne il senso piacevole e positivo... successivamente sarà più semplice. Si tratta di esercizi "razionali" con l'obiettivo di preparare la mente affinché non crei ostacoli quando "arriveranno" le cose più importanti.

MARRONE: Tutti i giorni portare a termine una piccola azione pratica, iniziare e finire qualcosa di pratico e concreto, per esempio una piccola bambola di pezza, un disegno, un oggetto in ceramica, una pagina web, un capitolo di un libro, un dolce, ecc.

Cromo stili di personalità

I cromo stili riportati di seguito NON sono diagnosi, né si riferiscono a disturbi di personalità. Sono semplicemente "STILI", modi di essere in un dato momento e sono descritti così come può emergere dal test "le 11 tavole".

Cromo Stile di Personalità Antisociale

Descrizione generica
Inappropriato e inadeguato; desiderio di controllare gli altri in maniera distaccata.
Forte bisogno di essere indipendente.
Gli altri sono spesso considerati con disprezzo.
Modalità aggressive, per rafforzare il bisogno di controllo e indipendenza.
Si presenta spesso come persona amichevole e socievole, ma con fondamentale distacco.
Al soggetto non interessa cosa succede a sé o ad altri.
Impulsività, mancanza di empatia e di rispetto verso gli altri.
Viola le regole sociali senza provare rimorso.

Descrizione Cromo-Simbolica
Non presenta il blu né l'arancione perché non si interessa a cosa succede a sé (blu) o ad altri (arancione); manca anche il rosso considerata l'assenza di empatia. Il verde non emerge perché il pensiero nel qui e ora è disequilibrato, infatti non si preoccupa delle conseguenze su sé o altri.
Presenta doppio ciano, doppio giallo e doppio magenta: i tre fondamentali della materia che lo portano ad un distacco empatico/emozionale e ad azioni impulsive in assenza dei fondamentali della luce che rappresentano invece la sfera emozionale ed empatica; il doppio ciano sottolinea la concentrazione sul sé inteso come bisogno di essere indipendente, il doppio giallo il continuo cambiamento e il doppio magenta l'agire impulsivo.
L'apparente socievolezza si coglie dalla presenza contestuale di tutti e tre i fondamentali della materia.
Emerge almeno un nero per indicare l'aspetto di aggressività e rinforzare il concetto di distacco.
Il viola può essere singolo o doppio, insieme al nero evidenzia impazienza ed impulsività.
Se il viola è singolo può completare il test il marrone o un aumento di uno dei fondamentali della materia (ciano, giallo, magenta) caratterizzando il soggetto nella sua individualità. Il marrone metterebbe in luce un aspetto di attenzione alla concretezza ed un inconscio bisogno di riunificazione con le proprie origini. Anche la presenza dei piccoli picchi di colori freddo/caldo (ciano / giallo-magenta) suggeriscono l'impulsività caratterizzata da sbalzi di umore,

come l'essere socievole e nello stesso tempo distaccato e pronto ad aggredire. Il bianco manca perché non prova rimorso o senso di colpa.

I 9 Colori che possono uscire nel test delle 11 Tavole:
2 ciano - 2 giallo - 2 magenta - 1 nero - 1 viola.
Alternative: 1 fra nero, viola, ciano, giallo, magenta, marrone.
No: blu, arancione, rosso e verde.

Cromo Stile di Personalità Antisociale

Marrone	o				
Magenta	x	x	o		
Rosso	-				
Arancione	-				
Giallo	x	x	o		
Verde	-				
Ciano	x	x	o		
Blu	-				
Viola	x	o			
Bianco	-				
Nero	x	o			

La Storia (origini del copione)	Conseguenze (decisione di copione)
Genitori duri e noncuranti.	Trascura ed è insensibile agli altri. Un certo distacco interferisce nel comportamento sociale. L'attacco è inadeguato alle situazioni. Gli altri tendono a sfruttare.
Controllo e biasimo sporadico e inadeguato da parte dei genitori; facilmente umiliante.	Protegge ferocemente la propria autonomia, biasima facilmente. Ama controllare, ignora.
Genitori incapaci di fornire cure adeguate.	Abuso di droga, prostituzione. Finta premura o truffa.
Controllo esercitato dal bambino per trascuratezza dei doveri da parte dei genitori.	Controllo non esercitato su esplicita richiesta.

Correlazione tra esperienze infantili e stile di vita.

Cromo Stile di Personalità Borderline

Descrizione generica

c'è una paura morbosa dell'abbandono e il desiderio di cure e protezione, ricevute preferibilmente con una costante vicinanza fisica al ricattatore (amante o persona che si occupa di lei). La posizione di partenza è la dipendenza amichevole da una persona, che si occupa di lei, che diventa controllo ostile, se non riesce a dare abbastanza (e non è mai abbastanza). C'è la convinzione che questa persona, segretamente, se non apertamente, ami la sua dipendenza e il suo stato di bisogno, e un oggetto introiettato malvagio attacca il sé, se ci sono segni di felicità o successo.

caratterizzato da instabilità nei modi di pensare, di sentire e di comportarsi. La persona ha notevoli e repentini sbalzi di umore. Ha relazioni sociali caotiche, discontinue o precarie.

Descrizione Cromo-Simbolica

Gli sbalzi di umore emergono dalla presenza di picchi di colore fra freddo e caldo: doppio blu, doppio rosso e singolo o doppio arancione, in questo modo la persona "salta" dall'attenzione alla sua volontà pura (blu) all'appoggiarsi agli altri (doppio rosso con arancione), attendendo che gli altri capiscano cosa vuole e lo facciano, pena scatti di rabbia.

L'aspetto caotico è riscontrabile nella presenza del bianco abbinato a questo picco freddo/caldo ed evidenzia contemporaneamente l'aspetto di dipendenza inizialmente amichevole, che poi diviene controllo ostile delineato dal colore nero. L'instabilità del pensiero può essere ricondotta all'assenza del verde in un contesto così fluttuante dell'umore (picco freddo/caldo).

L'assenza del magenta giustifica la fuga dalla felicità o successo.

Il marrone può essere presente ma non collegato al raggiungimento di risultati concreti, piuttosto al senso di dipendenza, considerando la compresenza di bianco (che include nella sua dinamica anche la dipendenza), arancione e sbalzo da colori freddi a caldi.

C'è anche la mancanza del viola, essendo il primo colore alla base della piramide cromo-simbolica ha un valore importante, indica un bianco indiretto e ne rinforza il significato di dipendenza, oltre a manifestare resistenza al cambiamento. Il giallo invece può essere presente per indicare creatività e ricerca di soluzioni senza che queste arrivino a compimento proprio per la mancanza del viola: non farsi ingannare dalla presenza del marrone perché esso indica in questo contesto come già detto un rinforzo della dipendenza. Una eventuale presenza del ciano indicherebbe un rinforzo di dipendenza basato sulla ricerca di desideri e obiettivi da delineare e la cui consapevolezza, essendoci pure il bianco che indica anche confusione e "assenza", "va e viene".

I 9 Colori che possono uscire nel test delle 11 Tavole:

1 bianco - 1 nero – 2 blu – 2 rosso - 1 arancione

Alternative: due colori fra marrone, rosso, arancione, giallo, ciano, blu, bianco, nero.

No: viola, verde, magenta.

Cromo Stile di Personalità Borderline

Marrone	o				
Magenta	-				
Rosso	x	x	o		
Arancione	x	o			
Giallo	o				
Verde	-				
Ciano	o				
Blu	x	x	o		
Viola	-				
Bianco	x	o			
Nero	x	o			

La Storia (origini del copione)	Conseguenze (decisione di copione)
Stile di vita caotico, come in una telenovela.	Crisi cercate, create; nessuna costanza.
Abbandono traumatico.	L'abbandono mette in moto il "programma".
Il prototipo dell'incesto predispone gli stili: Dolore più amore.	La struttura dell'incesto si ripete: Fonde dolore e amore.
Impotenza (sottomettersi) e onnipotenza (controllare). Idealizzazione derivante dai modelli e svalutazione, coercizione spietata.	Impotente e onnipotente. Idealizza e svaluta.
Definizione di sé e felicità sono stati attaccati.	Interiorizza l'attacco, quando ha fatto bene qualcosa (auto-attaccarsi).
La malattia sollecita le cure.	Esagera il malessere perché ci si occupi di lei.

Correlazione tra esperienze infantili e stile di vita.

Cromo Stile di Personalità Dipendente

<u>Descrizione generica</u>
la posizione di base è quella di una marcata tendenza alla sottomissione ad una persona dominante, che dovrebbe offrire cure e guida senza fine. Il desiderio è di mantenere il contatto con questa persona, anche se ciò significa tollerare abusi. L'individuo con stile di personalità dipendente crede di essere strumentalmente incompetente; e ciò significa che non può sopravvivere senza l'altra persona dominante.
la persona è convinta di non poter far fronte da sola alle responsabilità della vita quotidiana, chiede continuamente aiuto per qualsiasi cosa. Si sottomette volentieri a chi fornisce l'aiuto tanto desiderato.

<u>Descrizione Cromo-Simbolica</u>
Il doppio bianco indica la passività e dipendenza con un eventuale senso di colpa all'idea di fare in modo autonomo, un senso di colpa prevalentemente inconscio, infatti mancherà anche il blu: non può ascoltare sé stesso perché altrimenti si allontanerebbe dalle persone da cui dipende.
Manca il verde quale rappresentante dell'autostima, il nero è assente perché indicherebbe un esplicito pessimismo e sbalzi d'umore passivo/aggressivo non previsti in questo stile. Il viola non emerge perché la predisposizione al cambiamento è compromessa mentre il giallo potrebbe uscire rappresentando un'apertura alla creatività come modo di "fuga", ovvero inventarsi nuove cose senza in realtà cambiare niente.
Sono presenti un rosso e doppio o triplo arancione ad indicare la dipendenza emotiva e relazionale dagli altri, ma esce solo un rosso per caratterizzare la piena dipendenza senza dubbi e predisposizione a tollerare il biasimo.
A completare il quadro cromo-simbolico della dipendenza insieme al doppio bianco e arancione troviamo il marrone come richiamo alle origini e alla dipendenza dai risultati pratici e il magenta come soddisfazione negli aspetti materiali e concreti.

I 9 Colori che possono uscire nel test delle 11 Tavole:
2 bianco – 2 arancione - 1 rosso - 1 magenta - 1 marrone
Alternative: due colori fra ciano, bianco, arancione, giallo, magenta, marrone
No: nero, viola, blu, verde

Cromo Stile di Personalità Dipendente

Marrone	x	o			
Magenta	x	o			
Rosso	x				
Arancione	x	x	o		
Giallo	o				
Verde	-				
Ciano	o				
Blu	-				
Viola	-				
Bianco	x	x	o		
Nero	-				

La Storia (origini del copione)	Conseguenze (decisione di copione)
Infanzia splendida, cure eccellenti.	Protezione, ha bisogno di cure, di controllo.
La custodia e le cure non sono terminate con il passare del tempo. Nessuna pratica dell'autonomia, della competenza. Scarso concetto di sé per difetto.	Comportamenti compiacenti, dipendenti. Autonomia evitata a tutti i costi. Si considera inadeguato; tollera il BIASIMO.
Viene preso in giro dai coetanei per mancanza di competenza.	Si sente inadeguato, incompetente.
Storia alternativa: controllo manifesto, genitori abusivi, che ad ogni modo si sono occupati di lui; nessun messaggio complesso.	Come indicato nei punti precedenti.

Correlazione tra esperienze infantili e stile di vita.

Cromo Stile di Personalità Evitante

<u>Descrizione generica</u>
C'è un'intensa paura dell'umiliazione e del rifiuto. Sentendosi in fallo, l'evitante si distacca e si limita con cautela, in modo da evitare l'imbarazzo previsto. Desidera intensamente amore e accettazione, ma giungerà ad una vera intimità solo con quelle poche persone che supereranno degli esami sulla sicurezza molto stringenti. Occasionalmente, l'evitante perde il controllo ed esplode in un'indignazione irosa.
Caratterizzato da timidezza, insicurezza, ipersensibilità ai giudizi negativi e al rifiuto. La persona evita le situazioni sociali, specie quelle nuove dove teme di fare brutta figura di fronte a sconosciuti.

<u>Descrizione Cromo-Simbolica</u>
Emerge subito almeno un nero come indice di schema rigido, paura e distacco: associato alla presenza di un rosso caratterizza l'aspetto di chiusura e di possibile perdita di controllo ed esplosione.
A caratterizzare la chiusura in sé sarà l'emergere principalmente dei colori freddi blu, ciano fino al neutro verde.
La paura di far brutta figura impedisce di valutare i cambiamenti, perciò non emergerà il viola. Fra i colori caldi emerge solo il rosso; l'arancione mancherà per evidente chiusura sociale, non tanto per il non fidarsi in generale ma per la paura del giudizio. Il marrone potrebbe emergere quale caratteristica del bisogno di amore abbinato al rosso, tuttavia poi questo bisogno si "ripiega" al contesto familiare indicato appunto col marrone.

I 9 Colori che possono uscire nel test delle 11 Tavole:
1 nero - 1 rosso – 2 blu - 2 ciano - 2 verde.
Alternative: un colore fra bianco, nero, blu, ciano, marrone.
No: viola, giallo, arancione, magenta.

Cromo Stile di Personalità Evitante

Marrone	o				
Magenta	-				
Rosso	x				
Arancione	-				
Giallo	-				
Verde	x	x			
Ciano	x	x	o		
Blu	x	x	o		
Viola	-				
Bianco	o				
Nero	x	o			

La Storia (origini del copione)	Conseguenze (decisione di copione)
All'inizio cure amorevoli.	Desiderio di contatto sociale e di cure.
Controllo diretto alla creazione di un'immagine sociale e derisione per i fallimenti.	Autocontrollo per evitare l'imbarazzo. Insicurezza per la propria immagine. Estrema sensibilità all'umiliazione.
Autonomia forzata associata alle imperfezioni.	Si sforza di compiacere rimanendo trincerato; richiede sicurezza. Scoppi di biasimo imitativi.
Essere in guardia con gli estranei; supporto al distacco sociale.	Paure paranoidi degli estranei; lealtà alla famiglia.

Correlazione tra esperienze infantili e stile di vita.

Cromo Stile di Personalità Istrionico

Descrizione generica
Sussiste un grande timore di essere trascurato insieme al desiderio di essere amato e accudito da qualcuno potente che, nonostante tutto, possa essere controllato, usando la seduzione e in modi divertenti. La posizione di fondo è di amichevole affidamento, accompagnato in segreto da un irriverente ordine del giorno, che prevede il costringere gli altri a dispensargli il nutrimento e l'amore desiderati. Comportamenti seduttivi fuori luogo e tentati suicidi a fini manipolativi sono esempi di queste costrizioni.
Caratterizzato da un'espressione emotiva eccessiva e mutevole. Ricerca l'attenzione degli altri.

Descrizione Cromo-Simbolica
Un bianco e un nero caratterizzano la mutevolezza dell'espressione emotiva che risulta eccessiva attraverso la presenza di colori caldi ed assenza dei colori freddi/neutri ad eccezione di un ciano quale aspetto di dipendenza e guida verso le cose pratiche che vuole. La presenza di tutti i colori caldi dal giallo al magenta caratterizza l'aspetto di fondo di amichevole affidamento che con bianco e nero nasconde l'irriverente ordine del giorno. Il rosso col nero in questo contesto evidenziano la possibilità dei tentati suicidi a fini manipolativi.

I 9 Colori che possono uscire nel test delle 11 Tavole:
1 bianco - 1 nero – 1 ciano – 1 giallo - 1 arancione - 1 magenta - 1 rosso
Alternative: due colori fra giallo, arancione, magenta, rosso, marrone
No: viola, blu, verde.

90

Cromo Stile di Personalità Istrionico

Marrone	o				
Magenta	x	o			
Rosso	x	o			
Arancione	x	o			
Giallo	x	o			
Verde	-				
Ciano	x				
Blu	-				
Viola	-				
Bianco	x				
Nero	x				

La Storia (origini del copione)	Conseguenze (decisione di copione)
Amato per il suo aspetto esteriore e per essere una persona divertente. Capacità non riconosciute. Preferito dal genitore dello stesso sesso.	Molto interessato all'aspetto suo fisico e al grado di divertimento raggiunto. Rende nulle le proprie capacità. Minacciato dalla dipendenza dagli altri. Disprezza quelli dello stesso sesso.
L'aspetto fisico, il fascino. Sono sufficienti a controllare chi si prende cura di lei.	La concezione di sé è basata sull'abilità nel forzare gli altri a prendersi cura di lei, seducendo o con il biasimo.
In seno alla famiglia, le viene richiesto un continuo impegno ad essere affascinante, come fingendo che ci sia dell'affetto in un contesto di reale abbandono.	Affascinante, divertente, ma personalmente inaccessibile.
La salute cagionevole e il bisogno sono sufficienti a controllare chi si prende cura di lei.	Pretende nutrimento non appena ne sente il bisogno.

Correlazione tra esperienze infantili e stile di vita.

Stile di Personalità Narcisistico

<u>Descrizione generica</u>
È presente un'estrema vulnerabilità di fronte alle critiche o al fatto di essere trascurato, insieme ad un grande desiderio d'amore, di sostegno, nonché di rispetto e ammirazione da parte degli altri. La posizione di fondo include l'amore incondizionato di sé e il presunto controllo sugli altri. Se il sostegno viene meno o se ci sono segni di mancanza di perfezione, la stima di sé precipita verso un'acuta autocritica. Totalmente incapace di empatia, questo soggetto tratta gli altri con disprezzo e ritiene sé stesso al di sopra e fuori dal comune.
Caratterizzato da un'eccessiva stima di sé. La persona è così sicura di essere una persona speciale, che non prova rimorsi nel comportarsi in modo arrogante o nello sfruttare gli altri. Ha un grande bisogno di essere ammirato.

<u>Descrizione Cromo-Simbolica</u>
La contemporanea presenza dei tre fondamentali della luce blu-verde-rosso delinea l'amore per sé che diviene incondizionato con la presenza del bianco e del nero che nello stesso tempo evidenziano instabilità, la quale è confermata dal contrasto del doppio colore freddo blu e del doppio caldo rosso. L'incapacità empatica ed assenza di rimorsi si evidenzia con l'assenza dei colori caldi ad eccezione del doppio rosso che richiama il bisogno di essere ammirato dagli altri e nello stesso tempo di sfruttarli e controllarli. Un verde richiama la stima di sé che diviene eccessiva con la presenza del nero e rischia di precipitare in autocritica per via dell'instabilità appena descritta.
Manca il viola perché non c'è disponibilità al cambiamento ma al controllo. Mancano i tre fondamentali della materia perché l'autostima sembra perdere il contatto con l'esperienza pratica mentre il marrone può essere presente in termini di "bisogno dell'approvazione degli altri" in sostituzione dell'arancione che viene meno perché la persona si sente al di sopra e fuori dal comune.
L'eventuale presenza del marrone si associa al bianco indicando "dipendenza" ovvero, in questo caso, dipendenza dall'ammirazione degli altri.
Il bianco potrebbe far pensare alla presenza del senso di colpa, ma non c'è rimorso in presenza di un nero e doppio rosso che indicano invece la rabbia manifestata sotto forma di arroganza nello sfruttare gli altri; pertanto della dinamica bianca acquista valore solo l'aspetto della dipendenza dall'ammirazione.
La doppia punta caldo/fredda data dal doppio rosso e doppio blu ci indica anche scatti d'ira in presenza di aspettative non soddisfatte.

I 9 Colori che possono uscire nel test delle 11 Tavole:
1 bianco – 1 nero - 2 blu – 1 verde - 2 rosso
Alternative: due colori fra nero, blu, marrone, rosso.
No: viola, ciano, giallo, arancione, magenta.

Cromo Stile di Personalità Narcisistico

Marrone	o				
Magenta	-				
Rosso	x	x	o		
Arancione	-				
Giallo	-				
Verde	x				
Ciano	-				
Blu	x	x	o		
Viola	-				
Bianco	x				
Nero	x	o			

La Storia (origini del copione)	Conseguenze (decisione di copione)
Amore e adorazione non contingente, "disinteressati".	Amore e adorazione di sé non contingente.
Protezione sottomessa.	Arrogante, aspettative di deferenza e attenzioni non contingenti. Si prende il controllo; si rende autonomo; sbotta di rabbia, se ha aspettative non soddisfatte.
Implicito disprezzo ed esplicito disappunto per qualsiasi segno di imperfezione.	Concetto di sé si abbassa nell'assenza di adorazione non contingente o se ci sono segni di imperfezioni.

Correlazione tra esperienze infantili e stile di vita.

Stile di Personalità ossessivo-compulsivo

Descrizione generica
C'è la paura di fare un errore o di essere accusati per l'imperfezione. La ricerca dell'ordine porta ad una posizione interpersonale di base di biasimo e controllo sconsiderato degli altri. Il controllo dell'OC si alterna con l'obbedienza cieca all'autorità o a un principio. C'è un'autodisciplina eccessiva, oltre che la limitazione dei sentimenti, una dura autocritica e la trascuratezza nei propri confronti.
la persona è costantemente preoccupata dall'ordine e dal perfezionismo. Aspira a tenere tutto sotto controllo.

Descrizione Cromo-Simbolica
Un doppio o triplo nero è alla base di questo stile per evidenziare la rigidità nell'ordine, nel perfezionismo e nel controllo. L'aspetto del controllo e dell'obbedienza cieca prevede un aspetto di relazione, perciò appare un rosso accompagnato da due fondamentali della materia ciano-magenta e dal marrone per portare l'attenzione ad aspetti pratici controllabili. Viola e giallo mancano perché il cambiamento e la creatività sarebbero troppo in contrasto con la evidente necessità di controllo. Rosso e nero insieme: scontrosità.
Nel bisogno di controllo non può esserci l'arancione perché prevale l'aspetto di concentrazione sugli errori e la sfiducia verso gli altri: è lui che deve controllare, oppure essere totalmente obbediente, ed anche per questo motivo il rosso emerge una sola volta. L'assenza del blu indicherà la trascuratezza nei propri confronti.

I 9 Colori che possono uscire nel test delle 11 Tavole:
2 nero – 1 ciano - 1 rosso - 1 magenta - 1 marrone
Alternative: tre colori fra nero, verde, ciano, magenta, marrone.
No: bianco, viola, giallo, arancione.

Cromo Stile di Personalità ossessivo-compulsivo

Marrone	x	o			
Magenta	x	o			
Rosso	x				
Arancione	-				
Giallo	-				
Verde	o				
Ciano	x	o			
Blu	-				
Viola	-				
Bianco	-				
Nero	x	x	o		

94

La Storia (origini del copione)	Conseguenze (decisione di copione)
Coercizione inesorabile ad eseguire, a fare correttamente e a seguire le regole, indipendentemente dai costi personali.	Dominio sconsiderato degli altri. Perfezionismo che impedisce un concetto di sé equilibrato. Sottomissione all'autorità e motivazioni morali che risultano fondamentalmente in scontrosità.
Giudicato come un "bambino terribile"; punito perché imperfetto e non ricompensato per i successi; ha assistito alla punizione dei fratelli per la loro imperfezione; responsabilità senza potere.	Punisce, degrada sé stesso e gli altri, perché non sono perfetti; si concentra sugli errori.
Regole insegnate senza coinvolgimento personale.	Obbediente, ma inaccessibile sul piano personale. I sentimenti d'affetto sono limitati.

Correlazione tra esperienze infantili e stile di vita.

Stile di Personalità Paranoideo

Descrizione generica
Ha paura che gli altri lo attacchino per ferirlo o biasimarlo.
Desidera che gli altri lo confermino e lo capiscano.
Se la conferma fallisce spera che gli altri lo lascino da solo o gli si sottomettano.
Facilmente viene indotto ad un distacco rabbioso.
Se minacciato, il soggetto con uno stile paranoideo può attaccare per controllare o per distanziarsi.
Ha una sfiducia universale nei confronti degli altri.
Interpreta come malevoli le azioni amorevoli e generose degli altri.

Descrizione Cromo-Simbolica
Il bianco manca perché la traccia di dipendenza emerge in modo indiretto dalla ricerca degli altri (doppio rosso) ed è rinforzata dall'aspetto materiale definito sia in termini di desideri (ciano) che in termini operativi (marrone, competente nei compiti). Tuttavia la dipendenza sarebbe più evidente se insieme a ciano e marrone ci fosse l'arancione, ma proprio per l'aspetto di

sfiducia che caratterizza questo stile l'arancione non può esserci in nessun caso e viene sostituito dal doppio rosso. L'arancione manca perché NON ha fiducia verso gli altri.

L'odio è evidenziato dalla compresenza di nero e doppio rosso, il ritiro in sé stesso dal doppio blu.

Le "alternative" dei restanti colori (fino ad arrivare a nove) caratterizzano la singola persona con sfumature differenti; se per esempio uscissero due verdi indicherebbe un'attività cognitiva eccessiva, un rimuginare, un flusso di pensieri incalzante che d'altra parte appianerebbe lo sbalzo fra colori caldi e freddi e perciò non si evidenzierebbero troppo gli sbalzi di umore mitigati da una chiusura in sé stesso e nei propri pensieri.

Il viola può mancare in una fase di distacco emotivo o essere doppio in una fase di "impaziente" controllo. Può essere presente anche singolarmente indicando comunque un impaziente controllo (perché abbinato comunque al nero) ma meno evidente.

La ricerca degli altri (2 rossi) se fallisce lo porta all'isolamento (2 o 3 blu) mostrando uno sbalzo d'umore apparentemente di stile borderline (colori ripetuti ai due opposti della piramide, ovvero nell'area calda con i due rossi e nell'area fredda con i due blu), ma che nella combinazione globale dei colori indica un tentativo di controllo sugli altri di cui non si fida (nel borderline c'è l'arancione, qui no).

I 9 Colori che possono uscire nel test delle 11 Tavole:
1 nero - 2blu - 1ciano - 2rosso - 1marrone
Alternative: due colori fra viola, verde, giallo, magenta, nero, blu.
No: bianco, arancione.

Cromo Stile di Personalità Paranoideo

Marrone	x			
Magenta	o			
Rosso	x	x		
Arancione	-			
Giallo	o			
Verde	o			
Ciano	x			
Blu	x	x	o	
Viola	o			
Bianco	-			
Nero	x	o		

La Storia (origini del copione)	Conseguenze (decisione di copione)
Veniva punito per aver raccontato i segreti di famiglia.	Si aspetta l'attacco e assume una posizione completamente di ritiro carico d'odio. Si identifica con il genitore per controllare, umiliare e offendere gli altri; forte lealtà alla famiglia.
Punizioni severe; veniva attaccato, se si faceva del male accidentalmente.	Indipendenza fiera. Evita l'intimità, a meno che il compagno non possa essere controllato.
Confronti invidiosi sia impliciti che espliciti; risentimenti duraturi.	Sensibile alle esclusioni e ai confronti; serba rancore.
Ricompensato per competenza circoscritta mentre stava "fuori dai piedi".	Indipendente, competente nei compiti, ma molto distaccato sul piano interpersonale.

Correlazione tra esperienze infantili e stile di vita.

Stile di Personalità passivo-aggressivo

Descrizione generica
C'è la tendenza a considerare ogni forma di potere sconsiderata e trascurante, assieme alla convinzione che le autorità, o chi fornisce le cure, sono incompetenti, ingiuste e crudeli. Il PAG obbedisce alle richieste o ai suggerimenti percepiti, ma fallisce nell'esecuzione. Spesso si lamenta del trattamento ingiusto e invidia gli altri e prova risentimento, perché sono trattati meglio. Per la sua sofferenza accusa le persone che si occupano di lui o le autorità negligenti. Teme il controllo in ogni forma e desidera una restituzione delle cure amorevoli.
La persona tende ad opporsi e a resistere in modo passivo alle richieste e alle necessità sociali e lavorative – ad esempio si dilunga eccessivamente nella cura dei particolari mentre dimentica di portare avanti l'incarico lavorativo.

Descrizione Cromo-Simbolica
La compresenza di un bianco ed un nero sono elementi chiave che mettono in evidenza il contrasto passivo del bianco ed aggressivo del nero, tale aggressività si evidenzia maggiormente con la combinazione del nero insieme al

doppio rosso. Il doppio ciano insieme al bianco evidenzia un'attenzione agli aspetti materiali e ad un bisogno di cure amorevoli. Lo sbalzo caldo/freddo (due rosso e due ciano) conferma il salto passivo / aggressivo.

L'assenza del marrone insieme al bianco riflette il suo dimenticarsi le cose non portando a termine gli incarichi lavorativi. Manca l'arancione perché gli altri sono incompetenti. Il magenta assente indica l'insoddisfazione per i risultati personali non raggiunti ed abbinato al doppio rosso e mancanza di arancione denota l'invidia verso gli altri.

Il viola può uscire perché potenzialmente può accettare dei cambiamenti anche se poi potrebbe boicottarli ed il giallo potrebbe esserci per evidenziare la creatività nel dedicarsi ai dettagli (associato al doppio ciano) per non concludere gli incarichi assegnati. Il blu potrebbe essere presente quale conferma di una propria volontà che si oppone alle autorità, ma resta confusa e offuscata dal bianco/dipendenza.

Il verde è presente e indica "io ok" mentre l'assenza di arancione indica "tu non ok": sono gli altri ad essere sbagliati.

I 9 Colori che possono uscire nel test delle 11 Tavole:
1 nero - 1 bianco - 2 ciano - 2 rosso - 1 verde
Alternative: due colori fra viola, giallo, blu
No: marrone, magenta, arancione

Cromo Stile di Personalità passivo-aggressivo

Marrone	-				
Magenta	-				
Rosso	x	x			
Arancione	-				
Giallo	o				
Verde	x				
Ciano	x	x			
Blu	o				
Viola	o				
Bianco	x				
Nero	x				

La Storia (origini del copione)	Conseguenze (decisione di copione)
Buon allevamento nell'infanzia.	Si aspetta, si sente in diritto di ricevere sostegno e conforto.
Perdita improvvisa delle cure con richieste ingiuste di prestazione.	Suscettibile al potere; considera le persone che si prendono cura e le autorità sconsiderate, incompetenti e trascuranti. Si sente deprivato; si lamenta per l'ingiustizia; è pieno di risentimento e invidia.
Severe punizioni per la rabbia, l'autonomia o per non essersi sottomesso e non aver seguito i compiti.	Bisogno punitivo. Il danno a sé stesso è un'accusa dell'autorità, di chi si occupa di lui. Apparentemente obbedisce, ma in realtà resiste alle richieste di esecuzione.

Correlazione tra esperienze infantili e stile di vita.

Stile di Personalità Schizoide

<u>Descrizione generica</u>
Non ha paure o desideri rispetto agli altri.
Consapevolezza sociale e abilità sociali sottosviluppate. Caratterizzato da distacco e indifferenza.
Ha comunque abilità strumentali e può riuscire a soddisfare le aspettative dei ruoli sociali formali (genitore, capo, dipendente).
Può darsi che sia sposato, ma non sviluppa intimità. Ci può essere una vita fantastica attiva, ma non necessariamente bizzarra. Non mostra di avere grandi emozioni.

<u>Descrizione Cromo-Simbolica</u>
Mancherà sicuramente il rosso quale aspetto di intimità non sviluppata mentre un doppio arancione appare come apertura a soddisfare le aspettative altrui. Il suo distacco emotivo non gli consente di apprezzare la materialità quindi mancherà il magenta ma ci sarà il marrone perché comunque riesce a svolgere i compiti.
Sostanzialmente mancano i colori caldi tranne il doppio arancione che ricorda la possibilità di una vita fantastica attiva e il giallo perché si dedica alla fantasia fuggendo dalle emozioni della vita reale.

Il bianco insieme all'arancione e al marrone evidenzia l'aspetto di passività e dipendenza seppur con distacco emotivo considerata l'assenza degli altri colori caldi.

Un blu e un ciano in presenza del bianco rappresentano un minimo di consapevolezza di sé e dei propri desideri seppur in modo talvolta confuso. Il verde non è previsto che esca doppio perché non emerge un flusso di pensieri eccessivo.

I 9 Colori che possono uscire nel test delle 11 Tavole:
1 bianco – 2 arancione - 1 marrone - 1 blu - 1 ciano - 1 verde - 1 giallo
Alternative: due colori fra marrone, viola, blu, ciano.
No: nero, rosso, magenta.

Cromo Stile di Personalità Schizoide

Marrone	x	o		
Magenta	-			
Rosso	-			
Arancione	x	x		
Giallo	x			
Verde	x			
Ciano	x	o		
Blu	x	o		
Viola	o			
Bianco	x			
Nero	-			

La Storia (origini del copione)	Conseguenze (decisione di copione)
In casa ambiente formale, ordinato, in cui i bisogni fisici ed educativi sono stati soddisfatti. Nessun calore emotivo e contatto sociale minimo in famiglia o altrove.	Socializzato al lavoro. Non è socievole, si sente a suo agio in isolamento. Respinge ogni approccio intimo. Si dedica alle fantasie.

Correlazione tra esperienze infantili e stile di vita.

Analisi differenziale Borderline-Narcisistico-Paranoideo

In tutti e tre gli stili emerge doppio blu/rosso, rappresentanti gli sbalzi di umore e instabilità, ma nel borderline si evidenzia la dipendenza con la presenza dell'arancione e confusione con l'assenza di un pensiero equilibrato nel qui e ora (verde); nel narcisistico è presente anche il verde che insieme al blu e rosso completa la presenza di tutti e tre i colori fondamentali della luce quale aspetto di amore incondizionato di sé. Nel paranoideo manca l'arancione quale aspetto di pessimismo e sfiducia come nel narcisistico, tuttavia poi il narcisista perde il contatto con la realtà e quindi non mostrerà nessun fondamentale della materia (ciano, giallo, magenta) che invece possono essere presenti nel paranoideo (almeno il ciano).

Confronto fra i cromo-stili:

Antisociale				Borderline				Dipendente				Evitante				Istrionico		
Marrone	o			Marrone	o			Marrone	x	o		Marrone	o			Marrone	o	
Magenta	x	x	o	Magenta	-			Magenta	x	o		Magenta	-			Magenta	x	o
Rosso	-			Rosso	x	x	o	Rosso	x			Rosso	x			Rosso	x	o
Arancione	-			Arancione	x	o		Arancione	x	x	o	Arancione	-			Arancione	x	o
Giallo	x	x	o	Giallo	o			Giallo	o			Giallo	-			Giallo	x	o
Verde	-			Verde	-			Verde	-			Verde	x	x		Verde	-	
Ciano	x	x	o	Ciano	o			Ciano	o			Ciano	x	x	o	Ciano	x	
Blu	-			Blu	x	x	o	Blu	-			Blu	x	x	o	Blu	-	
Viola	x	o		Viola	-			Viola	-			Viola	-			Viola	-	
Bianco	-			Bianco	x	o		Bianco	x	x	o	Bianco	o			Bianco	x	
Nero	x	o		Nero	x	o		Nero	-			Nero	x	o		Nero	x	

www.psicologiasaveriocaffarelli.it

Narcisistico				ossessivo-compulsivo				Paranoideo				passivo-aggressivo				Schizoide		
Marrone	o			Marrone	x	o		Marrone	x			Marrone	-			Marrone	x	o
Magenta	-			Magenta	x	o		Magenta	o			Magenta	-			Magenta	-	
Rosso	x	x	o	Rosso	x			Rosso	x	x		Rosso	x	x		Rosso	-	
Arancione	-			Arancione	-			Arancione	-			Arancione	-			Arancione	x	x
Giallo	-			Giallo	-			Giallo	o			Giallo	o			Giallo	-	
Verde	x			Verde	o			Verde	o			Verde	o			Verde	x	
Ciano	-			Ciano	x	o		Ciano	x			Ciano	x	x		Ciano	x	o
Blu	x	x	o	Blu	-			Blu	x	x	o	Blu	o			Blu	x	o
Viola	-			Viola	-			Viola	o			Viola	o			Viola	o	
Bianco	x			Bianco	-			Bianco	-			Bianco	-			Bianco	x	
Nero	x	o		Nero	x	x	o	Nero	x	o		Nero	x			Nero	-	

Conoscersi
attraverso la storia cromo-emotiva dei denti

...e Curarsi con i Fiori Australiani

La Cromo-Psicosomatica dei Denti o "Cromo-Dentosofia"

Sapevi che...?
I nostri vissuti, pensieri ed emozioni generano sostanze nel corpo con relative reazioni fisiche come, ad esempio, l'erezione... e quelle sostanze non vanno nel piede o nel ginocchio o altrove... vanno ad attivare la struttura vascolare del pene...

Allo stesso modo altri vissuti, immagini, ricordi inconsci possono generare sostanze che vanno in altre parti del corpo aiutandolo, es. le endorfine quando siamo felici, o danneggiandolo.

Nella bocca c'è in assoluto il maggior numero di terminazioni nervose rispetto al resto del corpo: un fertile terreno per la somatizzazione dei nostri vissuti.... ma quali vissuti?

Così come batteri e virus possono produrre danni al corpo, allo stesso modo un disagio psicologico può causare reali sofferenze fisiche. Cambia l'origine, cambia la causa scatenante ma i problemi fisici che ne conseguono sono reali in tutti i casi. Ovviamente comprendere quale sia l'origine del problema aiuta a risolverlo alla radice.

Gli studi della psicosomatica insegnano come i sintomi fisici rappresentino un messaggio, ci indichino quindi un qualche problema interiore che stiamo vivendo. **La tensione emotiva converge in qualche parte del corpo causando problemi.** Così anche nei denti può convergere tale tensione **indirizzandosi in punti differenti a seconda del tipo di dinamica emotiva che è in gioco.** Le tensioni concernenti la **"Presa di Decisione"** convergono nei denti. Qui propongo l'applicazione dei concetti della psicosomatica alla lettura dei denti ma "rivedendo" il significato di ogni dente partendo dal colore ad esso associato. L'associazione dente-colore nasce da una mia semplice intuizione, poi, verificando il significato secondo la moderna letteratura della meta-medicina, ho potuto confermare tale corrispondenza colore-dente. Inoltre la metafora dei colori è qualcosa di naturale che ci guida alla comprensione dei fenomeni che ci circondano e così ho potuto "rivedere" alcuni significati descritti nell'ambito della dentosofia, ovvero "saggezza dei denti", e completare quelli di alcuni denti.

L'obiettivo è quello di descrivere **attraverso la comprensione del significato dei colori qual è l'area emotiva del nostro essere che si sta lamentando.** In questo modo, dedicandosi al colore associato al dente che evidenzia un problema si può risolvere sia il problema emotivo sia quello fisico legato al dente. Sarà importante utilizzare al meglio la combinazione dei vari esercizi sui colori affinché il problema interiore venga compreso e contemporaneamente risolto anche sul piano pratico.

Se per esempio il dente che fa male è quello dell'ottimismo / fiducia / arancione, ci si può chiedere da quanto tempo fa male, cosa è successo in quel periodo... perché quindi si è perso l'ottimismo o la fiducia verso gli altri? Di chi non ci si fida e perché? Sarà importante delineare quanto sia giusto e protettivo non fidarsi e dove invece si potrebbe "rischiare, osare..." ed invece ci si sta limitando con conseguente dolore al dente. Quando al cambiamento interiore (arancione/ottimismo in questo caso) segue quello pratico, concreto (marrone) il problema del dente sarà risolto. Nelle pagine seguenti c'è l'immagine riassuntiva dove si evidenzia come i colori sono associati ai denti in ordine secondo la piramide cromo-simbolica dal viola al rosso e al marrone con differenze in base al lato destro o sinistro.

Per risolvere il problema sarà importante:
- individuare il o i denti colpiti e il colore associato

- chiarire le dinamiche con cui si presentano i sintomi (da quanto tempo... sempre lo stesso dente... è una dinamica ricorrente o occasionale... il dolore si manifesta sempre dopo un qualche evento o in qualche situazione...), prestare attenzione alle esatte parole con cui viene spontaneo descrivere la problematica.

- confrontare la dinamica del sintomo con il significato emotivo associato al dente in base al colore e alla posizione (superiore/inferiore - destro/sinistro);

- scegliere come risolvere la tensione emotiva messa in evidenza (cromoterapia simbolica proposta in questo libro, psicoterapia, yoga, fitoterapia, aromaterapia, massaggi, ecc.)

Una risoluzione completa potrà esserci solo se dal cambiamento interiore (pensieri diversi, sentimenti ed emozioni nuove) seguiranno azioni/comportamenti differenti, un cambiamento anche nello stile di vita. Più è grave ed articolato il sintomo tanto più sarà importante cambiare qualcosa di concreto nella propria vita... qualcosa rispetto alla quale si è molto probabilmente bloccati: l'esercizio blocco sblocco può essere di valido aiuto in questo caso affinché il cambiamento pratico sia specchio di quello interiore e non viceversa.

Dalla lettura dell'evoluzione dei problemi ai denti nel tempo si può ricostruire la storia emotiva della persona.

Significato dei denti in base alla posizione

Sinteticamente:
Tutta la bocca: area "viola", capacità di prendere/addentare decisioni.
Mascella Superiore: aspettative, desideri, aspirazioni e idee.
Mascella Inferiore: concretizzazione delle aspettative, desideri, aspirazioni e idee.

LATO DESTRO: collegato all'emisfero sinistro rappresenta la **parte più razionale**, maschile, tecnica e logica e fa riferimento alla capacità di gestire e far fronte alle minacce relative alle dinamiche **Nere** (aggressività, schemi rigidi... leggi il significato del colore nero). In questo lato, quindi, saranno rappresentate le parti più razionali:

Mascella superiore lato destro, denti dal n.11 al n.18.
Pensieri/Verde-Creatività/Giallo: area soggetta alle interferenze e influenze attraverso il canale dei pensieri; problemi in quest'area riguardano quindi la distorsione dei pensieri ed il loro irrigidimento. Ne segue difficoltà ad essere creativi (parte interna / gialla) e a credere in sé stessi (parte esterna / verde). Questa difficoltà convergerà su un dente di un certo colore... per esempio se va sul viola (n.12) vuol dire che non si riesce a essere creativi / credere in sé stessi nei momenti in cui è importante predisporsi al cambiamento.

Mascella inferiore lato destro denti dal n.41 al n.48.
Concretezza/Marrone-Bianco/Trasparente/integrità: area che esprime il raggiungimento finale dei risultati come specchio di ciò che siamo; la parte interna marrone indica i risultati concreti mentre la parte esterna bianca/Trasparente indica il raggiungimento della realizzazione di sé. Come dire che tutto è pronto per essere realizzato, le energie sono messe a disposizione, ma poi qualcosa blocca l'esito finale... di quale esito si tratti dipende dal dente colpito, se fosse il verde (n.44) sarebbe bloccata la realizzazione concreta di progetti e idee per mancanza di determinazione e sicurezza di sé.

LATO SINISTRO: collegato all'emisfero destro rappresenta la **parte più emozionale**, femminile, creativa e artistica e fa riferimento alla capacità di gestire e far fronte alle minacce relative alle dinamiche **Bianche** (passività, sensi di colpa, confusione, dipendenza... leggi il significato del colore bianco). In questo lato, quindi, saranno rappresentate le parti più emotive:

Mascella superiore lato sinistro denti dal n.21 al n.28.
Volontà/Blu – Desideri/Ciano: area della consapevolezza di sé, della serenità e calma interiore e della piena volontà (blu, parte esterna) e dei desideri (ciano, parte interna). Ostacoli alla consapevolezza e alla

volontà danno origine a tensioni che convergono in quest'area. Se il dente colpito fosse quello arancione (n.26) indicherebbe difficoltà nel potersi sentire ottimisti e fiduciosi con una chiusura in sé stessi e relativa ricerca/bisogno di calma interiore.

Mascella inferiore lato sinistro denti dal n.31 al n.38.
Emozioni/Rosso-Sentimenti/Magenta: area dell'energia e della passione necessaria per attivarsi e raggiungere risultati concreti (magenta) ed emotivo/relazionali (rosso). Se l'energia e la passione non hanno spazio per esprimersi la tensione emotiva generata può colpire uno di questi denti, se va in quello giallo (n.35) vuol dire che ci sono ostacoli al canalizzare in azioni concrete le proprie energie creative.

In generale, se seguiamo l'abbinamento dei colori sul corpo secondo i punti chakra si individua l'area della gola come collegata al blu e ai suoi significati emotivi. Prima del blu seguendo la piramide cromo-emotiva c'è il viola che in base ai punti chakra sta nell'area più alta della testa. Tuttavia se si considera l'apparato digerente nel suo insieme e si parte dall'associare il viola alla parte iniziale fino al rosso al tratto quasi-finale e il marrone all'ultimo pezzo (con la conclusione della digestione con le feci appunto marroni!), si capisce come **l'area dei denti nel suo insieme rappresenti simbolicamente ciò che ha a che fare col viola/inizio cambiamento**: quindi l'apparato masticatore, indicando l'inizio di un processo (in concreto la digestione) è metafora di tutte quelle **fasi della vita in cui ci imbattiamo in prese di decisione, avvio di progetti, cambiamenti specifici o generali** come può essere l'avere un figlio, sposarsi, iniziare un lavoro ecc. Perciò **problemi legati ai denti in generale riguardano tensioni emotive concernenti paure o difficoltà legate al viola e ai suoi significati di cambiamento e transizione... ostacoli nei processi decisionali.**

Paura di non farcela? ...di non essere all'altezza? Paura di "addentare" una decisione?

Esempi di sintomi differenti
Se si presentano **scheggiature, rotture, caduta del dente** è più plausibile si tratti di sensi di colpa o confusione/passività (dinamica bianca);
se c'è **carie** si sta esprimendo più un senso di rabbia trattenuta (dinamica nera);
se i denti si spostano **verso l'esterno** indica un bisogno di uscire dagli schemi o un non sentirsi accettati nella propria individualità;
se i denti si spostano **verso l'interno** indicano una chiusura in sé stessi come difesa/insicurezza.

Se un dente "definitivo" non è **mai nato** indicherà la mancanza nella persona di sviluppo di una qualche area emotiva; **per esempio** i due incisivi laterali superiori definitivi mai nati (12 e 22 viola e violetto), con la presenza invece di quelli inferiori (32 e 42 violetto e viola), fa capire che la persona pur avendo avviato un processo di differenziazione sul piano pratico e concreto dai propri genitori non si sta rendendo conto che in realtà le sue aspirazioni di differenziazione sono ben lontane dall'essere "nate"; la persona si illude differenziandosi sul piano materiale con azioni concrete ma in realtà non si discosta per niente dagli insegnamenti ricevuti dalla famiglia.

Parallelismo con l'Analisi Transazionale: il modello **GAB** (genitore, adulto, bambino).

Ø **Stato dell'Io Genitore**: si forma dai 0 ai 5 anni di vita del bambino, ma si modifica col tempo; consiste in una serie di introiezioni delle parole e dei comportamenti dei genitori e degli adulti a lui significativi. Tale registrazione permane per tutta la vita e si manifesta in comportamenti che ne riproducono le caratteristiche essenziali, ovvero in comportamenti protettivi e normativi.

Ø **Stato dell'Io Adulto**: inizia a formarsi verso il decimo mese di vita del bambino; consiste in una serie di registrazioni di esperienze vissute e verificate dall'individuo nel suo impatto col mondo esterno; è orientato alla realtà e alla raccolta obiettiva delle informazioni. Così come ogni adulto ha lo stato dell'Io Bambino, ovviamente anche un bambino ha uno stato dell'Io Adulto che si manifesta quando egli cerca informazioni, esamina la realtà, elabora stimoli esterni e così via.

Ø **Stato dell'Io Bambino**: si forma nel periodo di vita che va dai 0 ai 5 anni; contiene introiezioni di sentimenti e di istinti provati da bambini.

Gli **incisivi,** quando siamo piccoli, corrispondono ai **Genitori reali**, quindi riguardano tutti gli apprendimenti genitoriali, le norme e le regole trasmesse dal contesto educativo; successivamente rappresenteranno **la società** con la sua cultura, tradizioni, abitudini, regole, ecc.

A seguire, dopo gli incisivi centrali bianco/nero, i colori associati vanno dal viola fino al rosso/magenta e al marrone/dente del giudizio secondo l'ordine naturale come evidenziato nella piramide cromo-emotiva. **Più ci si allontana dagli incisivi più aumenta il livello di differenziazione dai propri genitori** e l'affermazione della propria identità passando dal

> **blu-ciano** che rappresentano lo stato dell'io **Genitore**
> **verde-giallo** che rappresentano lo stato dell'io **Adulto** (io ok o non ok)
> arancione/fiducia verso l'altro (tu ok o non ok)
> **magenta/rosso** che rappresentano lo stato dell'io **Bambino**
> marrone/fiducia verso gli altri (altri ok o non ok);

Il marrone rappresenta anche l'accettazione del proprio corpo e il raggiungimento dei risultati: è l'unico colore, fra questi considerati, ottenuto da tre colori anziché essere un fondamentale o derivare dall'unione di solo altri due colori, perciò ha anche un significato plurimo.

106

Per comprendere meglio l'associazione dei denti ai colori seguire la numerazione dei denti in base all'immagine seguente.

Immagine dell'associazione denti/colore

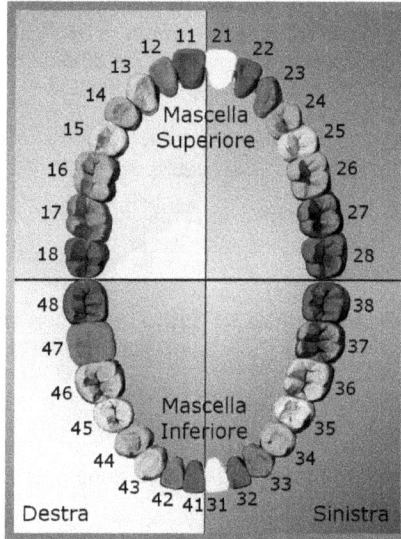

Aspirazioni	**Aspirazioni**
Gestione Dinamiche nere	**Gestione Dinamiche bianche**
Concretezza	**Concretezza**
Gestione Dinamiche nere	**Gestione Dinamiche bianche**

Una volta individuato il colore associato al dente si può approfondire il suo significato leggendo la descrizione nel capitolo dedicato ai colori; inoltre se si impara a leggere il Test dei colori si apprende meglio come i colori interagiscono fra loro e quindi come una dinamica emotiva influisce sulle altre: in questo modo si può fare una lettura più completa ed approfondita soprattutto nei casi in cui i problemi ai denti sono vari ed articolati nel tempo.

Dopo aver compreso in base al colore il significato del dente colpito si può approfondire la lettura individuando la posizione del problema: se per esempio si tratta di una carie, il suo significato cambia se essa è localizzata più all'interno o all'esterno del dente e l'approfondimento può essere fatto con l'aiuto del significato dei colori relativi come riportato nell'immagine dei denti. Altro aiuto per l'interpretazione è offerto dal linguaggio usato dalla persona per descrivere il problema, dalla persistenza o meno del sintomo e dal suo eventuale modificarsi nel tempo.

Domanda base:
Hai difficoltà a prendere qualche decisione? Magari relativamente a... (fare una domanda in base al dente colpito)
Modificare la domanda anche in base al tipo di sintomo presente e alle parole usate dalla persona per descrivere il problema.

107

Significato dei denti... uno per uno

Incisivi centrali lato sinistro 21 sup. – 31 inf. = BIANCO:

collegato con l'emisfero destro, quello più creativo, rappresenta la figura di riferimento femminile / la madre per i bambini o, per gli adulti, direttamente il lato femminile di sé. Capacità di sciogliersi dalle dinamiche bianche. Il superiore è più legato alle aspirazioni e desideri, quello inferiore si riferisce al modo in cui si concretizzano le proprie aspirazioni.

21 - Hai qualche difficoltà, o senso di colpa, o confusione o passività di fronte alla possibilità di <u>riconoscere/accettare la tua identità</u> differente da quella trasmessa da tua madre?

31 – Hai qualche difficoltà, o senso di colpa, o confusione o passività di fronte alla possibilità di <u>esprimere concretamente la tua identità</u> differente da quella trasmessa da tua madre?

Incisivi centrali lato destro 11 sup. – 41 inf. = NERO:

collegato con l'emisfero sinistro, più razionale, logico, rappresenta la figura di riferimento maschile / padre per i bambini o, per gli adulti, direttamente il lato maschile di sé. Capacità di sciogliersi dalle dinamiche nere. Aspirazioni e creatività il superiore, modalità di concretizzazione l'inferiore.

11 – Hai qualche difficoltà o rabbia di fronte alla possibilità di riconoscere o accettare una tua identità differente da quella imposta o rigidamente appresa in famiglia o da tuo padre?

41 – Hai qualche difficoltà o rabbia di fronte alla possibilità di esprimere concretamente una tua identità differente da quella imposta o rigidamente appresa in famiglia o da tuo padre?

Incisivi laterali superiori 12 dx – 22 sx = VIOLA/VIOLETTO:

rappresentano l'aspirazione ad iniziare a prendere le distanze da madre (22 violetto) e da padre (12 viola) o dalle dinamiche bianche/nere; in generale indicano la capacità di saper aspirare con tranquillità a un qualche cambiamento. Problemi a questi denti indicano difficoltà anche al solo immaginare una qualunque trasformazione. Paura dell'autorità o di lasciare il "nido familiare".

Incisivi laterali inferiori 42 dx – 32 sx = VIOLA/VIOLETTO:

indicano il modo in cui si concretizzano le aspirazioni a prendere le distanze da madre/bianco (32 violetto) e da padre/nero (42 viola). Problemi a questi denti ma non agli incisivi laterali superiori vuol dire che esiste l'idea del cambiamento e del modo in cui allontanarsi dagli schemi di riferimento (nero) o dall'affidarsi ai genitori (dipendenza / bianco), ma si è bloccati nell'attuazione di questi primi passi. Quando vengono imposte scelte dai genitori o dalla società si può manifestare carie in questi denti.

Canini superiori 13 dx – 23 sx = CIANO-BLU:
denti della tranquillità e dell'introspezione; le difficoltà a questi denti sono metafora di ostacoli al saper essere tranquilli nel prendere consapevolezza di sé e nell'accorgersi che si può essere diversi dai modelli di riferimento maschile (13 ciano) e femminile (23 blu). Il blu-23 evidenzia soprattutto la Volontà e i Valori, mentre il ciano-13 verte più sui desideri materiali / obiettivi / progetti.

Canini inferiori 43dx – 33 sx = CIANO-BLU:
capacità di manifestare sé stessi per quello che si è con serenità sciogliendosi dalle dinamiche bianche (33 blu) a favore della propria volontà e da quelle nere (43 ciano) a favore dei propri desideri materiali senza paura di proseguire nei propri progetti. Problemi a questi denti quindi possono rappresentare la paura di definire i propri progetti (43) in sintonia coi propri valori (33).

Primi premolari superiori 14 dx – 24 sx = VERDE:
capacità di riconoscere le proprie forze, le proprie abilità e competenze credendo in sé stessi e nella propria creatività astratta/emotiva senza sensi di colpa o passività (bianco/24) e senza doversi necessariamente attenere a schemi rigidi o dover aggredire gli altri per affermarsi (nero/14).

Primi premolari inferiori 44 dx – 34 sx = VERDE:
capacità di concretizzare progetti e idee in sintonia con le proprie risorse, con determinazione, creatività e sicurezza di sé, senza dubbi o sensi di colpa (bianco/34) e senza aggressività o eccessiva razionalità (nero/44).

Secondi premolari superiori 15 dx – 25 sx = GIALLO:
dopo essersi differenziati dalle proprie origini ed essersi affermati, arriva il momento di essere creativi ed ipotizzare/immaginare nuove strade e modalità per gestire la vita oltre gli insegnamenti materni o le dinamiche bianche (25) ed oltre la sapienza paterna o le dinamiche nere (15).

Secondi premolari inferiori 45 dx – 35 sx = GIALLO:
la possibilità di concretizzare le proprie idee e la propria creatività per essere autonomi (35 / bianco) e liberi (45 / nero) mantiene in salute questi denti. Possono riferirsi anche al mondo del lavoro.

Primi molari superiori 16 dx – 26 sx = ARANCIONE:
area dell'ottimismo; dal verde/fiducia in sé/"IO" all'arancione/ fiducia verso l'esterno/"TU". Ottimismo libero da passività e dipendenza (bianco/26) e da aggressività (nero/16). Rappresentano anche aspetti caratterizzanti il rapporto con le persone importanti per noi.

Primi molari inferiori 46 dx – 36 sx = ARANCIONE:
area della materializzazione in azioni concrete dell'ottimismo fino all'individuazione di un ruolo e di un valore proprio nella società senza doversi necessariamente "appoggiare" agli altri (bianco/36) o a schemi rigidi di riferimento (nero/46). Rappresentano anche il bisogno di essere riconosciuti dalle persone importanti per noi.

Secondi molari superiori 17 dx – 27 sx = MAGENTA-ROSSO:
attività immaginativa altamente passionale, ogni idea è carica di energia. Problemi a questi denti indicano mancanza di gioia e di piacere anche relativamente al rapporto con gli altri (27-rosso) o alle soddisfazioni materiali (17-magenta). Alle origini di questi problemi possono esserci le dinamiche bianche (27) o quelle nere (17). Rappresentano anche il modo in cui gli altri ci percepiscono.

Secondi molari inferiori 47 dx – 37 sx = MAGENTA-ROSSO:
attività concreta, mobilitazione passionale e gioiosa delle energie verso risultati materiali possibili (47-magenta) o concretizzazione di rapporti interpersonali (37-rosso). Un eventuale blocco di questa energia può derivare dall'area bianca (37) o da quella nera (47). Rappresentano anche il modo in cui gli altri percepiscono il nostro lavoro, le nostre azioni.

Terzi molari superiori o denti del giudizio 18 dx – 28 sx = Marrone:
focalizzazione dei possibili risultati e desideri concreti. Aspirazioni legate al passaggio finale della differenziazione dalle origini (madre/bianco/28 – padre/nero/18). Dall'arancione/fiducia verso l'esterno/"TU" al marrone/rapporto con l'esterno/"ALTRI"; un rapporto condizionato dal tipo di accettazione che si ha del proprio Corpo (18), delle proprie idee e del proprio pensiero (28).

Terzi molari inferiori o denti del giudizio 48 dx – 38 sx = Marrone:
realizzazione concreta delle proprie aspirazioni; raggiungimento dei risultati come naturale conseguenza di un percorso interiore equilibrato, libero da bianco (38) e da nero (48) e piena accettazione/difesa delle proprie idee (38) e del proprio Corpo (48).

Per una buona lettura del significato dei problemi ai denti è necessario conoscere il significato dei colori, focalizzare il colore associato al/ai denti interessati, vedere il significato della posizione: destra o sinistra, superiore o inferiore, il colore associato all'arcata dentale interessata dal problema, descrivere i sintomi e la manifestazione del problema a parole proprie e non con quelle dei medici, cogliere dalle parole usate e dal tipo di dinamica di manifestazione della sintomatologia **quale può essere la corrispondente dinamica emotiva che crea tensione convergente sui denti colpiti.**

Non ci si vuole sostituire ai dentisti, se un dente si spezza loro possono ricostruirlo, possono togliere velocemente in modo meccanico la carie... tuttavia se la tensione emotiva che ha dato origine al problema non viene sciolta, i sintomi ritorneranno... questo spesso porta alla decisione di devitalizzare il dente: toglierli la vita per non sentire più dolore; ma il dolore serve ad avvertirci che c'è un problema e molte persone continuano a sentire dolore anche nel dente devitalizzato perché l'area del dente ha un suo specifico riferimento nel cervello e anche se lo stimolo non arriva più dal nervo che partiva dal dente devitalizzato, il segnale di avviso di un problema converge direttamente nell'area del cervello che era già stata stimolata dal dente prima che venisse devitalizzato. L'unico modo per uscirne è accettare che esiste un problema emotivo che crea tensione e decidere cosa farne. Decidere... infatti **in generale i problemi ai denti concernono difficoltà nelle prese di decisione**, nel dare il via ad un processo di cambiamento che richiede una presa di posizione. Io posso qui augurare a chi legge una buona ri-nascita e ri-decisione!

Esempio di lettura della Storia Cromo Emotiva dei Denti

La persona digrigna i denti mentre dorme (amici e parenti glielo fanno notare). Fin da piccola non le è mai nato l'incisivo laterale superiore sinistro (n.22 – violetto). Sempre da piccola la madre decide di farle togliere il secondo premolare inferiore sinistro (n.35 - giallo) anche se poi la persona scopre che non era necessario. Ancora bambina i denti superiori tendevano ad essere leggermente sporgenti in avanti. Da adolescente e da adulta digrigna i denti con conseguenze negative sulla mascella e in generale su tutti i denti. Ha in oltre una continua tensione ed irrigidimento dei muscoli del collo.

La prima lettura offerta fa emergere come il suo processo di individualizzazione e differenziazione soprattutto dalla figura materna (n.22 mai "nato") risulta solo "pratico/materiale" (incisivi laterali inferiori regolari) distraendo da una differenziazione in sintonia con le proprie aspirazioni più "alte" (appunto il n.22 / incisivo laterale superiore). L'esigenza di uscire dagli schemi e di poter manifestare le proprie aspirazioni si manifesta anche con uno spostamento dei denti in avanti. Il secondo premolare inferiore sinistro manifestò una difficoltà a mettere in pratica i propri ideali creativi e i propri modi di voler uscire dagli schemi collegati alla figura materna. Il fatto che la madre abbia optato per una estrazione simboleggia da una parte un atteggiamento passivo e arrendevole della stessa ma anche sensi di colpa presumibilmente poi trasmessi alla figlia che da adulta si fa carico di tante cose di cui farebbe a meno (tensione al collo e digrignare i denti) come conseguenza dei sensi di colpa.

La persona conferma in generale la lettura proposta, sottolinea i sensi di colpa nei confronti della madre anche se in un primo momento riferisce che queste modalità sono "obbligate" nel contesto lavorativo per non perdere il lavoro, dovendo sempre prendersi dei carichi che non le spettano e per questo è nervosa. Tuttavia le faccio notare che questa è una "modalità" acquisita e che presumibilmente la sta applicando anche in altri settori della vita: **sgrana gli occhi e conferma che effettivamente si prende sempre carico di tante cose per non sentirsi in colpa**, anche nel rapporto con il suo ultimo fidanzato. Inoltre non tutti coloro che hanno "costrizioni a lavoro" digrignano i denti la notte, c'è chi somatizza con il mal di testa e chi con un ulcera, ecc. Lei somatizza nei denti perché non ha preso una decisione (significato generale dei vari problemi ai denti), una presa di posizione per poter dare spazio a se, imparare a superare i sensi di colpa e capire quando poter dire "no" a qualcuno e "sì" a sé stessa. Questa presa di consapevolezza sul processo decisionale e anti senso di colpa ha suscitato notevoli emozioni nella persona che ha decisamente cambiato espressione del viso mostrando un profondo senso di determinazione, come se sapesse già cosa fare.

Associazione Denti – Fiori Australiani

PROBLEMA BASE ai denti: difficoltà nell'addentare decisioni

FIORE BASE: 42 Paw Paw
Sintesi Fiore: Per chi sente sovraccarico e sommerso dalle decisioni.
Capacità di focalizzare il problema - lucidità e chiarezza.
Capacità di memorizzare velocemente molte informazioni

I fiori sono stati numerati in ordine alfabetico. Aggiungere al fiore base i fiori specifici associati al dente o ai denti problematici.

Incisivi centrali lato sinistro 21 sup. – 31 inf. = BIANCO

Dente 21 - Bianco
11 Bottlebrush. Sovraccarico e staticità emotiva - Sensazione di oppressione di fronte ai cambiamenti della vita - Problemi irrisolti con la madre.
Aiuta a lasciarsi andare e a ritrovare la serenità per affrontare i cambiamenti della vita.
17 Dagger Hakea. Incapacità di perdonare e di dimenticare - Senso di amarezza nei confronti di una famiglia chiusa, degli amici e dei propri cari.
Riscoperta della capacità di perdonare e di esprimere apertamente i propri sentimenti.
31 Jacaranda. Persone assenti, mutevoli, non concentrate, frettolose, vacillanti, senza scopi o ambizioni.
Decisione, lucidità mentale, concentrazione e lucidità di pensiero

Dente 31 - Bianco
11 Bottlebrush. Sovraccarico e staticità emotiva - Sensazione di oppressione di fronte ai cambiamenti della vita - Problemi irrisolti con la madre. Aiuta a lasciarsi andare e a ritrovare la serenità per affrontare i cambiamenti della vita.
17 Dagger Hakea. Incapacità di perdonare e di dimenticare - Senso di amarezza nei confronti di una famiglia chiusa, degli amici e dei propri cari. Riscoperta della capacità di perdonare e di esprimere apertamente i propri sentimenti.
38 Monga Waratah. Incapacità di fare le cose da soli e continuo bisogno degli altri - Tendenza a scaricare sugli altri i propri impegni - mai "all'altezza". Libera da ogni tipo di dipendenza da persone e comportamenti - Aiuta a rafforzare la consapevolezza di contare principalmente su sé stessi

Incisivi centrali lato destro 11 sup. – 41 inf. = NERO

Dente 11 - Nero e Dente 41 - Nero
9 Boab. Assimilazione degli schemi di pensiero negativi della famiglia - Ripetizione delle precedenti esperienze negative.
Libera dalle azioni negative all'interno della famiglia, abusi e pregiudizi - Elimina gli schemi di pensiero negativi - Libera le emozioni represse.
17 Dagger Hakea. Incapacità di perdonare e di dimenticare - Senso di amarezza nei confronti di una famiglia chiusa, degli amici e dei propri cari. Riscoperta della capacità di perdonare e di esprimere apertamente i propri sentimenti.
48 Red Helmet Orchid. Problemi irrisolti con il padre - Ribellione e problemi nei confronti delle autorità - Ribellione e problemi con la legge.
Favorisce il legame padre/figlio, nella scoperta di una rinnovata forma di sensibilità e rispetto.

Incisivi laterali superiori 12 dx – 22 sx = VIOLA/VIOLETTO
Dente 12 dx - Viola
Fiori: 7 - 5 - 37
Dente 22 sx - Violetto
Fiori: 2 - 12 - 14 -25 - 34 - 37

Incisivi laterali inferiori 42 dx – 32 sx = VIOLA/VIOLETTO
Dente 42 dx - Viola
Fiori: 7 - 5 - 37
Dente 32 sx - Violetto
Fiori: 3 - 12 - 14 -25 - 34 - 37

2 Angelsword. Confusione dovuta a influenze negative esterne - Perdita della capacità di collegamento con la sfera intuitiva.

Ritrovamento della verità spirituale e della pace - Riscoperta dei valori del passato - Rinnovata comunicazione con il nostro Io.

3 Autumn Leaves. Incapacità ad accettare i maggiori cambiamenti - Difficoltà nel passaggio dallo stato fisico al mondo spirituale.

Favorisce l'accettazione serena dei cambiamenti soprattutto quando questi vengono percepiti come insostenibili - viaggio morte.

5 Bauhinia. Incapacità ad accettare i cambiamenti - Chiusura o rigidità mentale - Difficoltà ad assecondare le evoluzioni della tecnologia.

Perdita dei pregiudizi e apertura mentale verso nuovi concetti, situazioni e idee - disturbi digestivi - mal di testa.

7 Black-eyed Susan. Impazienza - Sensazione che il tempo non basti mai - Ritmi di vita stressanti.

Riorganizzazione dei propri ritmi di vita con capacità di ritrovare tempo per sé - Calma e rilassamento.

12 Bush Fuchsia. Incapacità di bilanciare il lato logico e razionale con quello intuitivo e creativo - Incapacità di percepire o seguire l'istinto.

Aiuta a sviluppare l'intuito e ad avere fiducia nel proprio istinto - Favorisce la concentrazione e la chiarezza d'espressione verbale.

14 Bush Iris. Paura della morte, materialismo, ateismo, estremismo.

Consente all'individuo di accedere alla propria dimensione spirituale e di aprire le porte delle proprie percezioni più fini.

25 Green Spider Orchid. Incubi e fobie dovuti a esperienze del passato - Incapacità di entrare in comunicazione non solo con le persone, ma anche con altri esseri viventi.

Favorisce potenziali capacità extrasensoriali - Permette di entrare in sintonia con tutti gli esseri viventi e con la dimensione soprannaturale.

34 Lichen. Senso di disorientamento di fronte al confine tra mondo terrestre e piano astrale.

Rende più facile il cammino verso la Luce - Assiste la separazione tra il corpo fisico e spirituale.

37 Mint Bush. Disordine, confusione, disorientamento ed "allarme interiore" - Inizio di un tumulto e di un vuoto spirituale.

Ridimensiona, appiana, armonizza - Aiuta a ritrovare chiarezza, calma ed abilità nel gestire le situazioni anche spirituali.

Canini superiori 13 dx – 23 sx = CIANO-BLU
Dente 13 dx - Ciano
Fiori: 15 - 59
Dente 23 sx - Blu
Fiori: 56 - 2

Canini inferiori 43dx – 33 sx = CIANO-BLU
Dente 43 dx - Ciano
Fiori: 15 - 59
Dente 33 sx - Blu
Fiori: 56 - 2

114

2 Angelsword. Confusione dovuta a influenze negative esterne - Perdita della capacità di collegamento con la sfera intuitiva.

Ritrovamento della verità spirituale e della pace - Riscoperta dei valori del passato - Rinnovata comunicazione con il nostro Io.

15 Christmas Bell. Senso di perdita

Per aiutare a manifestare i propri desideri - Piacere nel dare e nel ricevere.

56 Spinifex. Sensazione di essere vittima di malattie (Malato immaginario).

Dà sollievo e rinforza, aiutando nel prendere coscienza delle cause emotive delle malattie.

59 Sundew. Contro l'indecisione, la tendenza a rinviare, la mancanza di attenzione e concentrazione.

Fa emergere il senso pratico, l'attenzione per i dettagli, la concentrazione e la precisione.

Primi premolari superiori 14 dx – 24 sx = VERDE

Dente 14 dx - Verde

10 Boronia. Pensieri ossessivi, struggimento e prostrazioni - Insonnia da rimarginazione di pensiero.

Chiarezza della mente e del pensiero - Serenità - Quiete mentale.

Dente 24 sx - Verde

29 Illawarra Flame Tree. Sensazione di essere rifiutati e di essere lasciati in disparte - Paura delle responsabilità.

Dona auto-accettazione, fiducia in sé stessi e forza interiore.

Primi premolari inferiori 44 dx – 34 sx = VERDE

Dente 44 dx - Verde

55 Southern Cross. Vittimismo, tendenza a colpevolizzare gli altri e a sostenere che la vita è stata crudele.

Potere personale, attitudine positiva verso la vita e gli altri, presa di responsabilità verso sé stessi.

65 Waratah Profonda. Disperazione, perdita di ogni speranza, incapacità di reagire alle crisi verde/arancio/marrone.

Coraggio, tenacia, fiducia - Capacità di adattamento e di sopravvivenza.

Dente 34 sx - Verde

16 Crowea. Preoccupazioni, perdita dell'equilibrio, mancanza di sicurezza di se stessi, sensazione di non essere abbastanza adeguato – Ansia.

Riscoperta dell'equilibrio individuale - Rinnovato contatto con i propri sentimenti.

65 Waratah Profonda. Disperazione, perdita di ogni speranza, incapacità di reagire alle crisi verde/arancio/marrone.

Coraggio, tenacia, fiducia - Capacità di adattamento e di sopravvivenza.

Secondi premolari superiori 15 dx – 25 sx = GIALLO
Secondi premolari inferiori 45 dx – 35 sx = GIALLO

Dente 15 – Dente 25 – Dente 45 – Dente 35
64 Turkey. Bush Blocco creativo per perdita di fiducia nelle proprie capacità.
Ispirazione, creatività - Rinnova la fiducia nelle proprie capacità artistiche.

Primi molari superiori 16 dx – 26 sx = ARANCIONE

Dente 16 dx – Dente 26 sx
30 Isopogon. Incapacità di imparare dalle esperienze del passato (loop cromo simbolico) - Testardaggine e autoritarismo - Incapacità di fidarsi degli altri - separazione tra cuore e mente.
Rende capaci di imparare dalle esperienze vissute, di ricordare il passato e di recuperare le doti perdute.
44 Philotheca. Eccessiva generosità ed incapacità ad accettare i riconoscimenti da parte degli altri.
Capacità di accettare elogi, ringraziamenti ed affetto.

Primi molari inferiori 46 dx – 36 sx = ARANCIONE

Dente 46 dx – Dente 36 sx
30 Isopogon. Incapacità di imparare dalle esperienze del passato (loop cromo simbolico) - Testardaggine e autoritarismo - Incapacità di fidarsi degli altri - separazione tra cuore e mente.
Rende capaci di imparare dalle esperienze vissute, di ricordare il passato e di recuperare le doti perdute.
62 Tall Mulla Mulla. Paura di uscire e di interagire con gli altri, rifiuto di mescolarsi con più persone - Tendenza a preferire la vita solitaria per timore del confronto.
Aiuta a sentirsi a proprio agio e sicuri in mezzo ad altre persone - Incoraggia le relazioni sociali.

Secondi molari superiori 17 dx – 27 sx = MAGENTA-ROSSO

Dente 17 dx - Magenta
36 Macrocarpa. Per persone esaurite, stanche e depresse.
Rinnova l'entusiasmo, la vitalità e l'energia.

116

1 Alpine Mint Bush. Stati di esaurimento mentale ed emozionale - Perdita della gioia di vivere - Sensazione pressante di subire il carico degli altri.

Rivitalizzante e stimolante - Ridona la gioia e rinnova le emozioni spirituali / amore / passione - aiuta a prendere decisioni.

4 Banksia Robur. Caduta della capacità di iniziativa e dell'entusiasmo nelle persone particolarmente dinamiche - stanchezza cronica/stagnante.

Rinnovato interesse per la vita e riscoperta della gioia di vivere.

33 Kapok Bush. Rassegnazione ed apatia - Per chi si scoraggia facilmente.

Perseveranza e impegno - Determina buona volontà per reagire allo stato di apatia.

Dente 27 sx - Rosso
35 Little Flannel Flower. Per chi rifiuta il bambino che è dentro di sé.

Riscoperta della voglia di giocare e di scherzare, di divertirsi e di essere spontanei.

8 Bluebell. Blocco emozionale e chiusura del chakra del cuore - Paura di disperdere i propri sentimenti - Isolamento dalle persone care.

Apre il cuore - Ridona la gioia e la voglia di partecipazione emotiva con gli altri.

32 Kangaroo Paw. Per chi non conosce le regole comportamentali del vivere in società, apparendo goffo e imbarazzato.

Rilassa, dà sensibilità e "savoir faire" - Riscoperta del piacere di stare con gli altri.

Secondi molari inferiori 47 dx – 37 sx = MAGENTA-ROSSO

Dente 47 dx - Magenta
36 Macrocarpa. Per persone esaurite, stanche e depresse.

Rinnova l'entusiasmo, la vitalità e l'energia.

6 Billy Goat Plum. Mancanza di accettazione del proprio corpo - Vergogna - Rifiuto di sé stessi e della sfera della sessualità - problemi della pelle.

Accettazione completa e consapevole del proprio corpo - Scoperta o ritrovamento del piacere sessuale.

41 Old Man Banksia. Per persone scoraggiate, stanche, fiacche, indolenti.

Capacità di gestire qualsiasi situazione che la vita presenta.

45 Pink Flannel Flower. Sensazione di infelicità dovuta a una percezione noiosa e piatta della vita.

Favorisce la gioia di vivere e la riconoscenza per tutti gli aspetti della vita e per quello che sperimentiamo intorno a noi.

Dente 37 sx - Rosso
35 Little Flannel Flower. Per chi rifiuta il bambino che è dentro di sé.

Riscoperta della voglia di giocare e di scherzare, di divertirsi e di essere spontanei.

13 Bush Gardenia. Per chi considera scontato l'amore dei propri cari - non sa prendersi cura degli altri, troppo concentrato su sé stesso - Egoismo e narcisismo.

Rinnova l'interesse verso gli altri - Migliora la comunicazione - Riscoperta della passione.

50 Red Suva Frangipani. Dolore e tristezza iniziali e turbamento alla fine di una relazione o alla perdita di una persona cara - Sconvolgimento, agitazione e sofferenza.

Sensazione di calma e di essere supportati - Pace interiore e forza per fronteggiare la situazione.

Terzi molari superiori o denti del giudizio 18 dx – 28 sx = Marrone

Dente 18 dx

6 Billy Goat. Plum Mancanza di accettazione del proprio corpo - Vergogna - Rifiuto di sé stessi e della sfera della sessualità - problemi della pelle.

Accettazione completa e consapevole del proprio corpo - Scoperta o ritrovamento del piacere sessuale.

Dente 28 sx

63 Tall Yellow Top. Alienazione, solitudine e isolamento.

Riscoperta della sensazione di appartenere a un gruppo (famiglia, amici, colleghi di lavoro, ecc.) - Favorisce le relazioni con gli altri.

Terzi molari inferiori o denti del giudizio 48 dx – 38 sx = Marrone

Dente 48 dx

6 Billy Goat. Plum Mancanza di accettazione del proprio corpo - Vergogna - Rifiuto di sé stessi e della sfera della sessualità - problemi della pelle.

Accettazione completa e consapevole del proprio corpo - Scoperta o ritrovamento del piacere sessuale.

43 Peach-flowered Tea-tree. Sbalzi d'umore e ipocondria - Per persone che si annoiano facilmente e perdono l'interesse nei progetti.

Aiuta a trovare un rinnovato equilibrio - Fa accrescere la responsabilità per la propria salute e stimola la volontà di completare i progetti.

Dente 38 sx

49 Red Lily. Spiritualmente prive di principi profondi - Per persone vaghe, indecise e portate a sognare ad occhi aperti - Ribellione e problemi con la legge.

Aiuta a scoprire e a far crescere la concretezza e la concentrazione e ad imparare a vivere il presente - Stimola il coinvolgimento spirituale.

63 Tall Yellow Top. Alienazione, solitudine e isolamento.

Riscoperta della sensazione di appartenere a un gruppo (famiglia, amici, colleghi di lavoro, ecc.) - Favorisce le relazioni con gli altri.

Alcuni Fiori Australiani sono adatti ad intervenire su combinazioni di vari problemi ai denti. Segue un elenco delle combinazioni individuate.

Fiori australiani per più denti.

Per completare la panoramica sui fiori Australiani si può notare che alcuni di questi, riportati di seguito, hanno effetti benefici su più denti contemporaneamente.

Sarà necessario avere un atteggiamento flessibile ed aperto per individuare i fiori più adatti. Conoscere contemporaneamente sia il significato dei colori che l'area di intervento dei Fiori aiuterà nella scelta.

Pertanto ciò che segue è particolarmente utile come esempio ed approfondimento sulle possibili combinazioni.

Tematica: chiusura e paura.
Denti coinvolti: bianco (21,31), verde (14,24,34,44), rosso (27,37), magenta (17,47), oppure tutti i denti storti/rivolti verso l'interno.
Fiore: 18 Dog Rose. Per paurosi, insicuri, timidi ed apprensivi - Per chi è assillato da timori infondati.

Ridona fiducia e sicurezza in sé stessi - Aiuta a scoprire un rinnovato coraggio per affrontare gli altri e godere pienamente la vita.

Tematica: dall'isterismo alla calma.
Denti coinvolti: nero (11,41), blu (23,33), rosso (27,37).
Fiore: 19 Dog Rose of the Wild Forces. Paura di perdere il controllo - Isterismo - Sofferenza senza una causa apparente.

Calma - Equilibrio emotivo - Capacità di controllare l'intensità dei tumulti interiori o le manifestazioni esteriori degli stessi.

Tematica: autostima e accettazione di sé.
Denti coinvolti: bianco (21,31), verde (14,24,34,44), marrone (18,28,38,48).
Fiore: 20 Five Corners. Perdita della sicurezza in sé stessi - Scarsa autostima - Non piacersi - Chiudersi in se stessi – Autolesionismo.

Amore e accettazione di sé stessi - Aiuta a riscoprire ed apprezzare la propria bellezza, permettendo di esprimersi liberamente.

Tematica: fisicità e relazioni.
Denti coinvolti: rosso (27,37), magenta (17,47).
Fiore: 21 Flannel Flower. Per chi non ama il contatto fisico con gli altri e non si trova a suo agio con la propria intimità fisica emozionale - difficoltà ad esprimere a parole i propri sentimenti.
Capacità di godere di tutte le manifestazioni fisiche, rinnovata fiducia a rivelare sé stessi agli altri.

Tematica: dai pregiudizi all'apertura.
Denti coinvolti: nero (11,41), arancione (16,26,36,46).
Fiore: 22 Freshwater Mangrove. Per persone che hanno il cuore chiuso a causa di pregiudizi e non per esperienza personale.
Dona umiltà e apertura verso nuove esperienze, persone e sentimenti – aiuta a liberarsi dai pregiudizi.

Tematica: esaurimento, preoccupazioni.
Denti coinvolti: bianco (21,31), nero (11,41), verde (14,24,34,44), arancione inferiore (36,46), magenta (17,47).
Fiore: 23 Fringed Violet. Stress, alterazioni della propria aura, esaurimento provocati da persone ed eventi che ci circondano.
Rimuove gli effetti delle preoccupazioni del presente e del passato. Protegge la psiche.

Tematica: fastidio a "pelle" e profondo.
Denti coinvolti: rosso inferiore (37), nero inferiore (41).
Fiore: 24 Green Essence. Problemi emotivi collegati a disordini intestinali o cutanei.
Armonizza la vibrazione di qualsiasi parassita con la vibrazione del proprio corpo rendendolo innocuo - Purifica l'organismo.

Tematica: dal terrore e panico alla calma, coraggio e fiducia.
Denti coinvolti: blu (23,33), verde (14,24,34,44), arancione (16,26,36,46).
Fiore: 26 Grey Spider Flower. Terrore, panico, incubi di cui non si conosce la causa, paura del soprannaturale.
Dona fiducia, coraggio e calma.

Tematica: stile dominante e prepotente.
Denti coinvolti: nero (11,41), verde (14,24,34,44).
Fiore: 27 Gymea Lily. Per personalità dominante e prepotente, alla continua ricerca di attenzione e che desiderano ardentemente godere di prestigio e fascino.
Dona umiltà, consapevolezza e rispetto per gli altri, lasciando loro la possibilità di esprimersi e di partecipare dando il loro contributo.

120

Tematica: dalla rigidità alla consapevolezza.
Denti coinvolti: nero (11,41), blu (23,33).
Fiore: 28 Hibbertia. Personalità rigida ed eccessiva autodisciplina - Per persone eccitate dai propri successi.
Accettazione dei propri limiti e riscoperta della necessità di approfondire ed arricchire le proprie conoscenze e filosofie di vita.

Tematica: dalla rabbia, odio, sospetto, gelosia e razzismo alla sensibilità verso gli altri.
Denti coinvolti: nero (11,41), rosso (27,37), arancione (16,26,36,46).
Fiore 1: 39 Mountain Devil. Per persone accecate dall'odio, dalla rabbia e dalla gelosia - Per chi porta rancore ed è sospettoso.
Scoperta dell'amore incondizionato e della capacità di perdonare - Rinnovata felicità e pace interiore.
Fiore 2: 51 Rough Bluebell. Per persone che feriscono, manipolano e sfruttano deliberatamente il prossimo - Per i maliziosi.
Compassione e sensibilità verso gli altri - Libera le vibrazioni dell'amore, aiutando l'individuo ad esprimerle pienamente.
Fiore 3: 54 Slender Rice Flower. Razzismo come conseguenza di esperienze personali - Mentalità ristretta e necessità di confrontarsi sempre con gli altri.
Scoperta della cooperazione e dell'armonia di gruppo - Percezione della bellezza degli altri - Aiuta ad imparare ad accettare gli altri.

Tematica: infiammazioni diffuse, rabbia generica o verso la famiglia d'origine.
Denti coinvolti: Tutta o gran parte dell'area gengivale infiammata.
Fiore: 40 Mulla Mulla. Traumi o situazioni di stress associate all'esposizione al fuoco, a fonti di calore e al sole (metafora di situazioni conflittuali).
Riduce gli effetti negativi del fuoco e dei raggi solari - Controlla infiammazioni di varia origine e le vampate della menopausa.

Tematica: sbalzi d'umore, perdita interesse per progetti.
Denti coinvolti: ciano (13,43), magenta (17,47).
Fiore: 43 Peach-flowered Tea-tree. Sbalzi d'umore e ipocondria - Per persone che si annoiano facilmente e perdono l'interesse nei progetti.
Aiuta a trovare un rinnovato equilibrio - Fa accrescere la responsabilità per la propria salute e stimola la volontà di completare i progetti.

Tematica: dalle ferite emozionali alla fiducia e apertura gli altri.
Denti coinvolti: bianco (21,31), nero (11,41), arancione (16,26,36,46), rosso (27,37).
Fiore: 46 Pink Mulla Mulla. Ferite emozionali profonde - Persone caute, guardinghe, permalose, portate ad allontanare chi le circonda per non essere ulteriormente feriti.

Rimarginazione profonda delle ferite dello spirito - Rinnovata fiducia e apertura verso gli altri.

Tematica: dalla sensibilità alle critiche e dipendenza dagli altri al seguire la propria strada.

Denti coinvolti: bianco (21,31), nero (11,41), viola (12,42), violetto (22,32).

Fiore: 47 Red Grevillea. Sensazione di essere bloccati, di essere troppo sensibili alle critiche e di dipendere dagli altri.

Forza di lasciarsi alle spalle situazioni spiacevoli e l'audacia nell'intraprendere finalmente la propria strada.

Tematica: dall'indecisione e senza principi profondi alla concretezza e concentrazione sul presente.

Denti coinvolti: bianco (21,31), nero (11,41), ciano (13,43), verde (14,24,34,44), marrone (18,28,38,48).

Fiore: 49 Red Lily. Spiritualmente prive di principi profondi - Per persone vaghe, indecise e portate a sognare ad occhi aperti - Ribellione e problemi con la legge.

Aiuta a scoprire e a far crescere la concretezza e la concentrazione e ad imparare a vivere il presente - Stimola il coinvolgimento spirituale.

Tematica: dall'angoscia e infertilità senza ragione fisica all'equilibrio e raggiungimento di obiettivi.

Denti coinvolti: nero (11,41), viola (12,42), ciano (13,43), marrone (18,28,38,48).

Fiore: 52 She Oak. Squilibri ormonali femminili - Angoscia associata ad infertilità senza alcuna ragione fisica.

Superamento degli squilibri nelle donne.

Tematica: dall'essere senza scopo e scoraggiati ad avere direzione e motivazione.

Denti coinvolti: viola (12,42), violetto (22,32), magenta (17,47).

Fiore: 53 Silver Princess. Sensazione di non avere uno scopo nella vita - Scoraggiamento - Perdita della direzione.

Ritrovamento della direzione che si vuole dare alla propria vita e del suo scopo - Rinnovata motivazione e consapevolezza.

Tematica: dai traumi profondi alla forza per andare avanti.

Denti coinvolti: nero (11,41), magenta (17,47).

Fiore: 57 Sturt Desert Pea. Traumi profondi, tristezza e sofferenza a livello emozionale.

Liberazione dai ricordi tristi - Rinnovata motivazione - Forza per andare avanti.

122

Tematica: dal senso di colpa alla propria moralità.
Denti coinvolti: bianco (21,31), blu (23,33).
Fiore: 58 Sturt Desert Rose. Senso di colpa e di amarezza per azioni compiute nel passato - Per persone facilmente influenzabili.
Permette di seguire le proprie convinzioni più profonde e la propria moralità e di trovare una rinnovata integrità personale.

Tematica: loop, blocco del passato che si ripete.
Denti coinvolti: verde (14,24,34,44), arancione (16,26,36,46).
Fiore: 60 Sunshine Wattle. Sensazione di dover sempre lottare per guadagnarsi qualcosa - blocco nel passato, di cui si rivivono continuamente le esperienze negative.
Ottimismo, speranza - Aiuta a rendersi conto di quanto sia bello e fonte di gioia il presente che diventa una piacevole premessa per il futuro.

Tematica: dal senso di non essere amati e di essere soli alla comunicazione e senso di sicurezza.
Denti coinvolti: verde (14,24,34,44), rosso (27,37).
Fiore: 61 Sydney Rose. Sensazione di essere a pezzi e psicologicamente distrutti, di essere allontanati e non amati dagli altri - Convinzione di essere anormali e soli.
Realizzazione che siamo tutti delle persone uniche e speciali - Sensazione di sicurezza e di pace - Scoperta di una comunicazione sincera.

Tematica: impegno concreto negli obietti relazionali.
Denti coinvolti: rosso (27,37), marrone sx (28,38).
Fiore: 66 Wedding Bush. Difficoltà ad impegnarsi nelle relazioni.
Aiuta ad impegnarsi nelle relazioni e a porsi degli obiettivi e a dedicarsi alla loro realizzazione.

Tematica: dall'oppressione alla libertà
Denti coinvolti: nero (11,41), viola (12,42), giallo (15,25,35,45).
Fiore: 67 Wild Potato Bush. Sensazione di oppressione e di essere imprigionati in una personalità che non ci appartiene più sensazione di pesantezza e gonfiore.
Libertà di cambiare nella vita - Sensazione di libertà e leggerezza fisica.

Tematica: fiducia nel partner, vita sessuale.
Denti coinvolti: arancione (16,26,36,46), rosso (27,37), magenta (17,47).
Fiore: 68 Wisteria. Per donne che non si sentono a proprio agio con la propria sensualità - Disagio per la propria fisicità a seguito di passati abusi sessuali.
Fiducia in sé stessi e nel proprio partner - Soddisfazione e piacere nella propria vita sessuale - lasciarsi andare.

Tematica: da giudicanti ad apertura verso il prossimo, obiettività.
Denti coinvolti: nero (11,41), arancione (16,26,36,46), marrone sx (28,38).
Fiore: 69 Yellow Cowslip Orchid. Per persone portate a criticare e a giudicare ed estremamente burocratiche.
Interesse per i problemi del prossimo - Sviluppa l'imparzialità, la capacità di riconoscere i dettagli e l'obiettività nelle analisi generali.

Tabella riassuntiva

Colore	Fiori Australiani per i problemi ai Denti				Altri fiori riferiti al colore
	Mascella Superiore		Mascella Inferiore		
	Destra	Sinistra	Sinistra	Destra	
Marrone	D.18 F. 6	D.28 F. 63.	D.38 F. 49, 63.	D.48 F. 6, 43.	20, 40, 49, 52, 66, 69
Magenta	D.17 F. 1, 4, 33, 36.			D.47 F. 6, 36, 41, 45.	18, 21, 23, 43, 53, 57, 68
Rosso		D.27 F. 8, 32, 35.	D.37 F. 13, 35, 50.		18, 19, 21, 24, 39, 40, 51, 54, 46, 61, 66, 68
Arancione	D.16 F. 30, 44.	D.26 F. 30, 44.	D.36 F. 30, 62.	D.46 F. 30, 62.	22, 23, 26, 39, 51, 54, 46, 60, 68, 69
Giallo	D.15 F. 64.	D.25 F. 64.	D.35 F. 64.	D.45 F. 64.	67
Verde	D.14 F. 10.	D.24 F. 29.	D.34 F. 16, 65.	D.44 F. 55, 65.	18, 20, 23, 26, 27, 49, 60, 61
Ciano	D.13 F. 15, 59.			D.43 F. 15, 59.	43, 49, 52
Blu		D.23 F. 2, 56.	D.33 F. 2, 56.		19, 26, 28, 58
Viola	D.12 F. 7, 5, 37.			D.42 F. 7, 5, 37.	47, 52, 53, 67
Violetto		D.22 F. 2, 12, 14, 25, 34, 37.	D.32 F. 3, 12, 14, 25, 34, 37.		47, 53
Nero	D.11 F. 9, 17, 48.			D.41 F. 9, 17, 48.	19, 22, 23, 24, 27, 28, 39, 51, 54, 46, 47,49, 52, 57, 67, 69,
Bianco		D.21 F. 11, 17, 31.	D.31 F. 11, 17, 38.		18, 20, 23, 46, 47, 49, 58

Elenco e descrizione Fiori Australiani numerati in ordine Alfabetico

1 Alpine Mint Bush. Stati di esaurimento mentale ed emozionale - Perdita della gioia di vivere - Sensazione pressante di subire il carico degli altri.
Rivitalizzante e stimolante - Ridona la gioia e rinnova le emozioni spirituali / amore / passione - aiuta a prendere decisioni.

2 Angelsword. Confusione dovuta a influenze negative esterne - Perdita della capacità di collegamento con la sfera intuitiva.
Ritrovamento della verità spirituale e della pace - Riscoperta dei valori del passato - Rinnovata comunicazione con il nostro Io.

3 Autumn Leaves. Incapacità ad accettare i maggiori cambiamenti - Difficoltà nel passaggio dallo stato fisico al mondo spirituale.
Favorisce l'accettazione serena dei cambiamenti soprattutto quando questi vengono percepiti come insostenibili - viaggio morte.

4 Banksia Robur. Caduta della capacità di iniziativa e dell'entusiasmo nelle persone particolarmente dinamiche - stanchezza cronica/stagnante.
Rinnovato interesse per la vita e riscoperta della gioia di vivere.

5 Bauhinia. Incapacità ad accettare i cambiamenti - Chiusura o rigidità mentale - Difficoltà ad assecondare le evoluzioni della tecnologia.
Perdita dei pregiudizi e apertura mentale verso nuovi concetti, situazioni e idee - disturbi digestivi - mal di testa.

6 Billy Goat Plum. Mancanza di accettazione del proprio corpo - Vergogna - Rifiuto di sé stessi e della sfera della sessualità - problemi della pelle.
Accettazione completa e consapevole del proprio corpo - Scoperta o ritrovamento del piacere sessuale.

7 Black-eyed Susan. Impazienza - Sensazione che il tempo non basti mai - Ritmi di vita stressanti.
Riorganizzazione dei propri ritmi di vita con capacità di ritrovare tempo per sé - Calma e rilassamento.

8 Bluebell. Blocco emozionale e chiusura del chakra del cuore - Paura di disperdere i propri sentimenti - Isolamento dalle persone care.
Apre il cuore - Ridona la gioia e la voglia di partecipazione emotiva con gli altri.

9 Boab. Assimilazione degli schemi di pensiero negativi della famiglia - Ripetizione delle precedenti esperienze negative.

Libera dalle azioni negative all'interno della famiglia, abusi e pregiudizi - Elimina gli schemi di pensiero negativi - Libera le emozioni represse.

10 Boronia. Pensieri ossessivi, struggimento e prostrazioni - Insonnia da rimarginazione di pensiero.

Chiarezza della mente e del pensiero - Serenità - Quiete mentale.

11 Bottlebrush. Sovraccarico e staticità emotiva - Sensazione di oppressione di fronte ai cambiamenti della vita - Problemi irrisolti con la madre.

Aiuta a lasciarsi andare e a ritrovare la serenità per affrontare i cambiamenti della vita.

12 Bush Fuchsia. Incapacità di bilanciare il lato logico e razionale con quello intuitivo e creativo - Incapacità di percepire o seguire l'istinto.

Aiuta a sviluppare l'intuito e ad avere fiducia nel proprio istinto - Favorisce la concentrazione e la chiarezza d'espressione verbale.

13 Bush Gardenia. Per chi considera scontato l'amore dei propri cari - non sa prendersi cura degli altri, troppo concentrato su sé stesso - Egoismo e narcisismo.

Rinnova l'interesse verso gli altri - Migliora la comunicazione - Riscoperta della passione.

14 Bush Iris. Paura della morte, materialismo, ateismo, estremismo.

Consente all'individuo di accedere alla propria dimensione spirituale e di aprire le porte delle proprie percezioni più fini.

15 Christmas Bell. Senso di perdita

Per aiutare a manifestare i propri desideri - Piacere nel dare e nel ricevere.

16 Crowea. Preoccupazioni, perdita dell'equilibrio, mancanza di sicurezza di sé stessi, sensazione di non essere abbastanza adeguato – Ansia.

Riscoperta dell'equilibrio individuale - Rinnovato contatto con i propri sentimenti.

17 Dagger Hakea. Incapacità di perdonare e di dimenticare - Senso di amarezza nei confronti di una famiglia chiusa, degli amici e dei propri cari.

Riscoperta della capacità di perdonare e di esprimere apertamente i propri sentimenti.

18 Dog Rose. Per paurosi, insicuri, timidi ed apprensivi - Per chi è assillato da timori infondati.

Ridona fiducia e sicurezza in sé stessi - Aiuta a scoprire un rinnovato coraggio per affrontare gli altri e godere pienamente la vita.

19 Dog Rose of the Wild Forces. Paura di perdere il controllo - Isterismo - Sofferenza senza una causa apparente.

Calma - Equilibrio emotivo - Capacità di controllare l'intensità dei tumulti interiori o le manifestazioni esteriori degli stessi.

20 Five Corners. Perdita della sicurezza in sé stessi - Scarsa autostima - Non piacersi - Chiudersi in se stessi – Autolesionismo.

Amore e accettazione di sé stessi - Aiuta a riscoprire ed apprezzare la propria bellezza, permettendo di esprimersi liberamente.

21 Flannel Flower. Per chi non ama il contatto fisico con gli altri e non si trova a suo agio con la propria intimità fisica emozionale - difficoltà ad esprimere a parole i propri sentimenti.

Capacità di godere di tutte le manifestazioni fisiche, rinnovata fiducia a rivelare sé stessi agli altri.

22 Freshwater Mangrove. Per persone che hanno il cuore chiuso a causa di pregiudizi e non per esperienza personale.

Dona umiltà e apertura verso nuove esperienze, persone e sentimenti – aiuta a liberarsi dai pregiudizi.

23 Fringed Violet. Stress, alterazioni della propria aura, esaurimento provocati da persone ed eventi che ci circondano.

Rimuove gli effetti delle preoccupazioni del presente e del passato. Protegge la psiche.

24 Green Essence. Problemi emotivi collegati a disordini intestinali o cutanei.

Armonizza la vibrazione di qualsiasi parassita con la vibrazione del proprio corpo rendendolo innocuo - Purifica l'organismo.

25 Green Spider Orchid. Incubi e fobie dovuti a esperienze del passato - Incapacità di entrare in comunicazione non solo con le persone, ma anche con altri esseri viventi.

Favorisce potenziali capacità extrasensoriali - Permette di entrare in sintonia con tutti gli esseri viventi e con la dimensione soprannaturale.

26 Grey Spider Flower. Terrore, panico, incubi di cui non si conosce la causa, paura del soprannaturale.

Dona fiducia, coraggio e calma.

27 Gymea Lily. Per personalità dominante e prepotente, alla continua ricerca di attenzione e che desiderano ardentemente godere di prestigio e fascino.

Dona umiltà, consapevolezza e rispetto per gli altri, lasciando loro la possibilità di esprimersi e di partecipare dando il loro contributo.

28 Hibbertia. Personalità rigida ed eccessiva autodisciplina - Per persone eccitate dai propri successi.

Accettazione dei propri limiti e riscoperta della necessità di approfondire ed arricchire le proprie conoscenze e filosofie di vita.

29 Illawarra Flame Tree. Sensazione di essere rifiutati e di essere lasciati in disparte - Paura delle responsabilità.

Dona auto-accettazione, fiducia in sé stessi e forza interiore.

30 Isopogon. Incapacità di imparare dalle esperienze del passato (loop cromo simbolico) - Testardaggine e autoritarismo - Incapacità di fidarsi degli altri - separazione tra cuore e mente.

Rende capaci di imparare dalle esperienze vissute, di ricordare il passato e di recuperare le doti perdute.

31 Jacaranda. Persone assenti, mutevoli, non concentrate, frettolose, vacillanti, senza scopi o ambizioni.

Decisione, lucidità mentale, concentrazione e lucidità di pensiero.

32 Kangaroo Paw. Per chi non conosce le regole comportamentali del vivere in società, apparendo goffo e imbarazzato.

Rilassa, dà sensibilità e "savoir faire" - Riscoperta del piacere di stare con gli altri.

33 Kapok Bush. Rassegnazione ed apatia - Per chi si scoraggia facilmente.

Perseveranza e impegno - Determina buona volontà per reagire allo stato di apatia.

34 Lichen. Senso di disorientamento di fronte al confine tra mondo terrestre e piano astrale.

Rende più facile il cammino verso la Luce - Assiste la separazione tra il corpo fisico e spirituale.

35 Little Flannel Flower. Per chi rifiuta il bambino che è dentro di sé.

Riscoperta della voglia di giocare e di scherzare, di divertirsi e di essere spontanei.

36 Macrocarpa. Per persone esaurite, stanche e depresse.

Rinnova l'entusiasmo, la vitalità e l'energia.

128

37 Mint Bush. Disordine, confusione, disorientamento ed "allarme interiore" - Inizio di un tumulto e di un vuoto spirituale.

Ridimensiona, appiana, armonizza - Aiuta a ritrovare chiarezza, calma ed abilità nel gestire le situazioni anche spirituali.

38 Monga Waratah. Incapacità di fare le cose da soli e continuo bisogno degli altri - Tendenza a scaricare sugli altri i propri impegni - mai "all'altezza".

Libera da ogni tipo di dipendenza da persone e comportamenti - Aiuta a rafforzare la consapevolezza di contare principalmente su sé stessi.

39 Mountain Devil. Per persone accecate dall'odio, dalla rabbia e dalla gelosia - Per chi porta rancore ed è sospettoso.

Scoperta dell'amore incondizionato e della capacità di perdonare - Rinnovata felicità e pace interiore.

40 Mulla Mulla. Traumi o situazioni di stress associate all'esposizione al fuoco, a fonti di calore e al sole (metafora di situazioni conflittuali).

Riduce gli effetti negativi del fuoco e dei raggi solari - Controlla infiammazioni di varia origine e le vampate della menopausa.

41 Old Man Banksia. Per persone scoraggiate, stanche, fiacche, indolenti.

Capacità di gestire qualsiasi situazione che la vita presenta.

42 Paw Paw. Per chi sente sovraccarico e sommerso dalle decisioni.

Capacità di focalizzare il problema - lucidità e chiarezza. Capacità di memorizzare velocemente molte informazioni

43 Peach-flowered Tea-tree. Sbalzi d'umore e ipocondria - Per persone che si annoiano facilmente e perdono l'interesse nei progetti.

Aiuta a trovare un rinnovato equilibrio - Fa accrescere la responsabilità per la propria salute e stimola la volontà di completare i progetti.

44 Philotheca. Eccessiva generosità ed incapacità ad accettare i riconoscimenti da parte degli altri.

Capacità di accettare elogi, ringraziamenti ed affetto.

45 Pink Flannel Flower. Sensazione di infelicità dovuta a una percezione noiosa e piatta della vita.

Favorisce la gioia di vivere e la riconoscenza per tutti gli aspetti della vita e per quello che sperimentiamo intorno a noi.

129

46 Pink Mulla Mulla. Ferite emozionali profonde - Persone caute, guardinghe, permalose, portate ad allontanare chi le circonda per non essere ulteriormente feriti.

Rimarginazione profonda delle ferite dello spirito - Rinnovata fiducia e apertura verso gli altri.

47 Red Grevillea. Sensazione di essere bloccati, di essere troppo sensibili alle critiche e di dipendere dagli altri.

Forza di lasciarsi alle spalle situazioni spiacevoli e l'audacia nell'intraprendere finalmente la propria strada.

48 Red Helmet Orchid. Problemi irrisolti con il padre - Ribellione e problemi nei confronti delle autorità - Ribellione e problemi con la legge.

Favorisce il legame padre/figlio, nella scoperta di una rinnovata forma di sensibilità e rispetto.

49 Red Lily. Spiritualmente prive di principi profondi - Per persone vaghe, indecise e portate a sognare ad occhi aperti - Ribellione e problemi con la legge.

Aiuta a scoprire e a far crescere la concretezza e la concentrazione e ad imparare a vivere il presente - Stimola il coinvolgimento spirituale.

50 Red Suva Frangipani. Dolore e tristezza iniziali e turbamento alla fine di una relazione o alla perdita di una persona cara - Sconvolgimento, agitazione e sofferenza.

Sensazione di calma e di essere supportati - Pace interiore e forza per fronteggiare la situazione.

51 Rough Bluebell. Per persone che feriscono, manipolano e sfruttano deliberatamente il prossimo - Per i maliziosi.

Compassione e sensibilità verso gli altri - Libera le vibrazioni dell'amore, aiutando l'individuo ad esprimerle pienamente.

52 She Oak. Squilibri ormonali femminili - Angoscia associata ad infertilità senza alcuna ragione fisica.

Superamento degli squilibri nelle donne.

53 Silver Princess. Sensazione di non avere uno scopo nella vita - Scoraggiamento - Perdita della direzione.

Ritrovamento della direzione che si vuole dare alla propria vita e del suo scopo - Rinnovata motivazione e consapevolezza.

54 Slender Rice Flower. Razzismo come conseguenza di esperienze personali - Mentalità ristretta e necessità di confrontarsi sempre con gli altri.

Scoperta della cooperazione e dell'armonia di gruppo - Percezione della bellezza degli altri - Aiuta ad imparare ad accettare gli altri.

130

55 Southern Cross. Vittimismo, tendenza a colpevolizzare gli altri e a sostenere che la vita è stata crudele.
Potere personale, attitudine positiva verso la vita e gli altri, presa di responsabilità verso sé stessi.

56 Spinifex. Sensazione di essere vittima di malattie (Malato immaginario).
Dà sollievo e rinforza, aiutando nel prendere coscienza delle cause emotive delle malattie.

57 Sturt Desert Pea. Traumi profondi, tristezza e sofferenza a livello emozionale.
Liberazione dai ricordi tristi - Rinnovata motivazione - Forza per andare avanti.

58 Sturt Desert Rose. Senso di colpa e di amarezza per azioni compiute nel passato - Per persone facilmente influenzabili.
Permette di seguire le proprie convinzioni più profonde e la propria moralità e di trovare una rinnovata integrità personale.

59 Sundew. Contro l'indecisione, la tendenza a rinviare, la mancanza di attenzione e concentrazione.
Fa emergere il senso pratico, l'attenzione per i dettagli, la concentrazione e la precisione.

60 Sunshine Wattle. Sensazione di dover sempre lottare per guadagnarsi qualcosa - blocco nel passato, di cui si rivivono continuamente le esperienze negative.
Ottimismo, speranza - Aiuta a rendersi conto di quanto sia bello e fonte di gioia il presente che diventa una piacevole premessa per il futuro.

61 Sydney Rose. Sensazione di essere a pezzi e psicologicamente distrutti, di essere allontanati e non amati dagli altri - Convinzione di essere anormali e soli.
Realizzazione che siamo tutti delle persone uniche e speciali - Sensazione di sicurezza e di pace - Scoperta di una comunicazione sincera.

62 Tall Mulla Mulla. Paura di uscire e di interagire con gli altri, rifiuto di mescolarsi con più persone - Tendenza a preferire la vita solitaria per timore del confronto.
Aiuta a sentirsi a proprio agio e sicuri in mezzo ad altre persone - Incoraggia le relazioni sociali.

131

63 Tall Yellow Top. Alienazione, solitudine e isolamento.

Riscoperta della sensazione di appartenere a un gruppo (famiglia, amici, colleghi di lavoro, ecc.) - Favorisce le relazioni con gli altri.

64 Turkey. Bush Blocco creativo per perdita di fiducia nelle proprie capacità.

Ispirazione, creatività - Rinnova la fiducia nelle proprie capacità artistiche.

65 Waratah Profonda. Disperazione, perdita di ogni speranza, incapacità di reagire alle crisi verde/arancio/marrone.

Coraggio, tenacia, fiducia - Capacità di adattamento e di sopravvivenza.

66 Wedding Bush. Difficoltà ad impegnarsi nelle relazioni.

Aiuta ad impegnarsi nelle relazioni e a porsi degli obiettivi e a dedicarsi alla loro realizzazione.

67 Wild Potato Bush. Sensazione di oppressione e di essere imprigionati in una personalità che non ci appartiene più - sensazione di pesantezza e gonfiore.

Libertà di cambiare nella vita - Sensazione di libertà e leggerezza fisica.

68 Wisteria. Per donne che non si sentono a proprio agio con la propria sensualità - Disagio per la propria fisicità a seguito di passati abusi sessuali.

Fiducia in sé stessi e nel proprio partner - Soddisfazione e piacere nella propria vita sessuale - lasciarsi andare.

69 Yellow Cowslip Orchid. Per persone portate a criticare e a giudicare ed estremamente burocratiche.

Interesse per i problemi del prossimo - Sviluppa l'imparzialità, la capacità di riconoscere i dettagli e l'obiettività nelle analisi generali.

Dentosofia e Attivatore:
Raddrizzare i denti da soli, si può! ...e si spende poco!

È realmente possibile raddrizzare i denti da soli con un attivatore? Che ruolo ha la Dentosofia? Anche se sembra non adatto a tutti c'è un accorgimento che lo rende possibile... e vi spiego qual è!

In questo capitolo scoprirai come è possibile raddrizzare i denti da solo spendendo poco, dove e come utilizzare lo strumento della dentosofia: l'attivatore.

Ci sono da considerare **tre aspetti**:
1) Parte Emozionale
2) Parte Tecnica
3) Parte operativa: l'utilizzo del Bio Attivatore

1) La Parte Emozionale riguarda tutte le dinamiche emotive coinvolte nei processi che portano i denti ad assumere posizioni errate e, viceversa, che favoriscono il raddrizzamento degli stessi. Questa è la parte fondamentale trascurata dai "tecnici" e che garantisce il risultato anche nei casi "estremi".

2) La parte Tecnica concerne osservazioni su due aree:
A) gli aspetti fisici dei denti e di come questi possano favorire od ostacolare il successo del raddrizzamento dei denti col Bio Attivatore. Incluso aspetti che i dentisti non dicono!
B) la scelta del Bio Attivatore (autonoma o con l'ausilio del dentista). Proporrò alcuni link per la eventuale scelta autonoma ed economica.

3) La parte operativa spiega come utilizzare il Bio Attivatore per ottenere i migliori risultati nei tempi più brevi. Illustra anche le difficoltà che si possono incontrare, come superarle e come avere successo nel raddrizzare i denti!

E.... si! Nella terza parte vi parlerò anche della mia esperienza diretta!!!

1) Parte Emozionale

Gli aspetti emozionali, i vissuti psicologici hanno un ruolo fondamentale affinché l'utilizzo dell'attivatore abbia successo nel raddrizzare i denti.

La dentosofia affronta in modo diretto il livello della consapevolezza, ma ci sono altri livelli che espongo fra un attimo e che devono essere presi in considerazione per il buon esito.

Nella bocca converge il 70% delle terminazioni nervose e questo rende la bocca un'area importantissima per tutto l'organismo sia su un piano fisico per evitare per esempio mal schiena o mal di testa, sia su un piano emotivo per evitare di avere continui stimoli nervosi disarmoniosi.

Ho già spiegato con l'esempio dell'erezione nel capitolo della cromo-dentosofia come le dinamiche emotive si muovono e si esprimono nel corpo fisico.

Vissuti differenti convergono in parti differenti del corpo e nel capitolo appena citato espongo quali vissuti ed emozioni incidono sulla "postura dei denti".

La consapevolezza che si può acquisire grazie alla dentosofia, ovvero alla "saggezza dei denti", spesso è sufficiente a "smuovere" le emozioni e quindi, in combinazione con l'attivatore, anche i denti.

Tale consapevolezza, in ambito di CROMO Dentosofia, rientra nell'area "Blu": Come abbiamo visto dalla Piramide Cromo Simbolica il blu / consapevolezza è alla base insieme al viola/violetto: prendere decisioni.

Una presa di consapevolezza, quindi, è un forte supporto per tutti i "passaggi successivi".

Ma non sempre è sufficiente la consapevolezza.

Quante volte ho sentito dire:
"Sì, ho capito, lo sapevo già! E allora?"
E' evidente in questi casi come il blocco emotivo stia ad un altro livello.

I dentisti, anche quelli esperti in dentosofia, non hanno la preparazione per sostenere psicologicamente la persona, per aiutarla ad elaborare i suoi vissuti.

E gli Psicologi?
Sono molto lontani da questo argomento. È vero che una psicoterapia può aiutare. Ma è anche vero che se non è mirata al tema specifico che rende il dente storto non sarà utile in tal senso.

Gli psicologi usano test e colloqui clinici per identificare le aree di intervento per aiutare i loro pazienti. Ma esistono tanti approcci di psicoterapia che, pur essendo tutti validi, possono concentrarsi su aspetti diversi.

134

Io ho esercitato come Psicoterapeuta dal 2000 al 2022, ma la dentosofia non è un tema trattato in modo così approfondito dalla Psicosomatica. Pertanto quando iniziai nel 2003 ad interessarmi all'argomento fui costretto a "giustificarmi" con l'ordine degli psicologi collocando questo argomento in un ambito di "ricerca scientifica".

In questo modo ho potuto proseguire i miei studi sul tema affiancando le osservazioni della dentosofia alla somministrazione di test "scientifici" e/o di colloqui clinici.

Questo libro è ricco di esercizi utili per **elaborare autonomamente i vissuti più profondi integrando i Fiori Australiani con gli esercizi cromo-simbolici e ricordando di concentrarsi sulla "presa di decisione"**.

Dal 22 febbraio 2022 ho interrotto volontariamente la mia professione di Psicologo per cancellarmi dall'ordine e fondare la F.I.D.I. Facilitazione Interiore Dinamico-Interattiva e lavorare in stile Work-Life Change Coach.

Un coaching mirato al benessere delle persone in tutti i loro ambiti e, grazie al Cromo Simbolismo Applicato che ho fondato nel 2003, possiedo una serie di strumenti potenti che ho messo appunto, sviluppato ed integrato in tutti questi anni.

Il mio occhio "clinico" insieme alla mia esperienza pluriennale mi consentono di identificare le aree emotive specifiche su cui intervenire per poter liberare le tensioni che rendono i denti storti e consentire all'attivatore di funzionare al meglio. I miei strumenti e modalità di intervento nella relazione d'aiuto sono ben calibrati per elaborare positivamente i vissuti ostacolanti e avviare uno specifico cambiamento personale **creando nuove abitudini e nuove modalità di vivere** in sintonia con una dentatura armoniosa.

2a) Parte Tecnica - Gli aspetti fisici dei denti

Mi sono confrontato con vari dentisti esperti di dentosofia e in pochi hanno colto quello che sto per scrivere di seguito. E chi l'ho ha colto lo ha fatto solo o soprattutto su un piano teorico. Vi illustro un esempio di difficoltà che ho incontrato seguendo altre persone che avevano bisogno di interventi tecnici per poter poi usare l'attivatore.

Introduco il concetto più importante riportando due righe di un articolo su TerraNuova di Clara Scropetta e Francesco Santi che parlando dell'attivatore dicono:

"Proprio la sua forma «generica», la morbidezza e l'elasticità provocano una stimolazione a livello delle cuspidi dei denti, il cui ruolo quali vettori d'informazione a livello del sistema nervoso centrale comincia appena ad essere messo in luce (Vedi gli studi del dottor Alessandro Calzolari)".

Le Cuspidi sono protuberanze di smalto più o meno voluminose ed appuntite che costituiscono i rilievi masticatori di ogni dente.
Se i denti sono stati curati a seguito di carie o rotture, la ricostruzione può interferire sugli effetti dell'attivatore come spiego di seguito.

OPZIONI.
Avete i denti storti con:
1) Denti sani, mai curati, della forma "originale"
2) Denti curati quando erano dritti
3) Denti CURATI quando erano GIA' STORTI
4) Denti mancanti o altri casi più complessi

Nelle opzioni 1 e 2 da un punto di vista tecnico siete già pronti ad iniziare ad usare l'attivatore.

Il problema, trascurato dai dentisti, nasce quando curi denti storti.

Con un buon lavoro sul piano emotivo/comportamentale anche le opzioni 3 e 4 possono giungere ad un buon esito di raddrizzamento dei denti.

I dentisti seguono il protocollo.
Se tu hai un dente storto, hai presumibilmente anche una malocclusione, ovvero uno o più denti dell'arcata superiore non sono perfettamente allineati con quelli dell'arcata inferiore, e/o precontatti: un dente inizia a toccare il suo antagonista prima di tutti gli altri creando uno sforzo localizzato.
A questo punto se hai una carie nel dente storto il dentista seguirà il protocollo e dopo aver tolto la carie farà l'opportuna ricostruzione alterando la forma originale del dente facendo in modo che tu abbia una perfetta occlusione senza precontatti.
Per intenderci: SE NON VUOI raddrizzare i denti è sicuramente la soluzione migliore perché la malocclusione e il precontatto possono dare problemi vari dal mal di testa al mal di schiena... Ma **se vuoi raddrizzarli con l'attivatore allora quei precontatti saranno persino necessari.**

Pertanto l'OPZIONE 3 è a forte rischio per un buon funzionamento dell'attivatore.

Riepilogo il concetto:
Un dente storto che viene curato avrà la forma modificata. Tale modifica incide sul tipo di stimolo che l'attivatore può inviare a livello di sistema nervoso centrale. Questi stimoli sono la base operativa dell'attivatore.

L'ideale sarebbe curare il dente lasciandolo della sua forma originale e, se consumato, ripristinandone la forma. Ricorda comunque che n buon lavoro con le emozioni vince anche in questi casi difficili.

Ma quale dentista altera il protocollo per lasciarti un dente con malocclusione e/o precontatto? (Dovresti almeno firmargli una liberatoria).

Tuttavia se tu non ti fai curare il dente dalla carie esso avrà comunque la sua forma originale ed essendo storto avrà anche la sua probabile malocclusione... e sarà l'ideale per far funzionare l'attivatore su un piano tecnico.

Io sono riuscito a far "Scorreggere" un dente ad una mia assistita: era molto storto con malocclusione e precontatto, fu curato con conseguente modifica della forma. "Un disastro" per l'attivatore.
Nessun dentista ha voluto ripristinare la forma in modo completo. Ma andando da un dentista all'altro alla fine la persona è riuscita con "piccole correzioni" fatte da più dentisti, a ripristinarne la forma e poter procedere con l'attivatore.

Riflettiamo:
* Ti dicono che quando metti l'apparecchio classico avrai dolori.
* Ti dicono che la malocclusione da problemi.
* Ti correggono la malocclusione cambiando la forma del dente se aveva carie.
* Inizi un trattamento con l'apparecchio classico, con i denti di forma alterata ma in perfetta occlusione.
* I denti iniziano a raddrizzarsi e necessariamente vanno in malocclusione (= nuovi dolori e problemi vari a testa e schiena...)
* Ti dicono che la sofferenza è normale durante il processo.
* Quando i denti sono dritti finalmente ti tolgono la malocclusione (se glielo ricordi).

A questo punto sarà forse meglio (secondo me ed in linea di massima):
* Lasciare la malocclusione iniziale a cui sei già abituato.
* Avviare il raddrizzamento dei denti in modo naturale (con la stimolazione dell'attivatore).
* Ottenere la dentatura corretta con un miglioramento globale del sistema bocca/corpo attraverso un'armonizzazione in crescendo.
Ognuno è libero di scegliere e questo mio scritto non si sostituisce al parere del medico e/o del dentista. ;-)

Con un buon lavoro sul piano emotivo/comportamentale anche le opzioni 3 e 4 possono giungere ad un buon esito di raddrizzamento dei denti.

OPZIONE 4:

È un'opzione altrettanto complicata perché in assenza di alcuni denti ci possono essere spostamenti per "riequilibrare" e a quel punto non ci sarebbe più lo spazio per inserire denti artificiali e ripristinare la dentatura originale.

Anche qui ognuno fa le sue scelte. Gli altri denti storti si raddrizzeranno comunque. Se gli spazi vuoti si saranno ridotti o completamente "compensati" dallo spostamento degli altri denti l'unico modo che al momento credo possibile per ripristinare successivamente tali spazi e poter inserire denti artificiali sarebbe quello dell'apparecchio classico che agirebbe forzando il sistema.

È anche vero che se si mettono prima denti artificiali "fissi", potrebbero ostacolare il fluido riequilibrarsi della bocca con l'attivatore.

Questa quarta opzione la sto ancora "studiando/valutando".

2b) Parte Tecnica - La scelta dell'Attivatore

Sino a poco tempo fa l'attivatore potevi trovarlo solo dal dentista. Oggi si trovano in commercio vari attivatori "generici" anche economici.

In caso tu abbia una particolare forma della mascella, troppo differente dalla "media", è probabile che sia meglio rivolgersi da un dentista esperto in dentosofia che potrà scegliere fra modelli che non trovi in commercio. Il dentista ti proporrà un percorso costoso che se hai la possibilità di seguire può essere interessante, oppure dopo che ti dà l'attivatore "giusto", interrompi il percorso e prosegui in autonomia.

Spesso i dentisti apportano piccole modifiche all'attivatore per adattarlo meglio alla tua bocca.

Tuttavia anche quelli di forma generica, essendo flessibili si adattano facilmente (ognuno faccia la sua scelta consapevolmente).

In commercio ci sono attivatori di forma "BASE" adatta più o meno a tutti. Essendo flessibili si adattano comunque con facilità.

Ecco un esempio di ATTIVATORE - Allineatore:

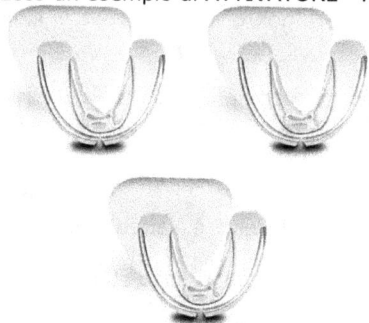

Sono solitamente kit da tre pezzi con durezza differente da utilizzare in tre fasi:

1) prima fase: attivatore più morbido per un periodo variabile da almeno 6 mesi sino ad un anno. Consente di abituarsi e inizia il raddrizzamento. Solitamente i primi risultati non si vedono subito. Io li ho visti dopo 7 mesi.

2) seconda fase: attivatore medio/duro per stabilizzare i primi risultati e continuare a raddrizzare, anche qui da sei mesi ad un anno.

3) terza fase: attivatore con maggiore durezza per completare il raddrizzamento e stabilizzare i risultati (da sei mesi ad un anno).

È Importante considerare che mediamente **per non avere recidive l'attivatore andrebbe utilizzato per tre anni**.

Una volta che ti abitui l'utilizzo è "automatico"... nel paragrafo successivo parlerò di come si utilizza e come superare le possibili difficoltà.

3) Parte operativa – Come utilizzare il Bio Attivatore

Nel 2003 ho iniziato gli studi sul significato emotivo/dinamico dei denti, ma solo da circa un anno ho iniziato ad interessarmi alla parte tecnica relativa all'uso di questo prezioso strumento che è l'attivatore. D'altronde prima non si trovavano in commercio al pubblico.

Quando ho iniziato a fare la mia esperienza diretta, meno di un anno fa, c'erano una serie di indicazioni pubbliche e degli stessi produttori che oggi trovo differenti.

Suggerivano l'uso di "almeno 6 ore" a notte, oggi dicono "almeno 8 ore al giorno" (anche secondo me sono meglio 8h). Inoltre sono differenti le indicazioni sulla durate delle varie fasi.

Per darvi un orientamento sul come muovervi propongo delle riflessioni.
Ognuno è libero di scegliere e il mio scritto non si sostituisce al parere del medico e/o del dentista.

Considerate:
1) il tempo necessario per raddrizzare i denti è variabile da persona a persona.
2) la consapevolezza dei motivi per cui i denti si sono storti è necessaria per il buon esito.
3) risolvere concretamente i problemi emotivi rilevati e avviare nuove abitudini di vita è necessario per il buon esito del raddrizzamento.
4) l'utilizzo dell'attivatore deve essere COSTANTE.
5) l'utilizzo costante dell'attivatore facilità la risoluzione dei blocchi emotivi e la correzione della postura di tutto il corpo.
6) ci può essere una fase preparatoria con un utilizzo limitato ma costante per abituarsi.
7) motivarsi, insistere, ricordarsi che i risultati arrivano.
8) utilizzare i Fiori Australiani e/o fare un percorso di crescita personale, cambiare abitudini, prendere decisioni e attuarle.

L'Utilizzo:

Diurno: stimolazioni consapevoli attive
Notturno: stimolazioni inconsce passive, registrazione inconscia delle stimolazioni diurne.

DIURNO:
Eseguire preferibilmente per 20 minuti tre volte al giorno il seguente esercizio (ALMENO 15 minuti una volta al giorno tutti i giorni anche stando in piedi mentre lavi i piatti o lavori al pc, meglio però se ti rilassi e non fai altro):

POSIZIONE:
– distesi per terra, con la schiena ben piatta
– a gambe sollevate, piedi appoggiati su un divano, con le ginocchia divaricate
– la nuca ben diritta (appoggiata su un cuscino eventualmente)
– le braccia aperte, più o meno tese, palmi rivolti in su
– gli occhi chiusi, oscurati da una benda
– punta e dorso della lingua attaccati al palato

140

L'ESERCIZIO IN TRE FASI NEUROVEGETATIVE

A) RESPIRAZIONE
Portare l'attenzione al respiro, essendo qualcosa di neutro aiuta ad allontanare i pensieri disturbanti. Può essere utile qualche respiro profondo, intenso ma delicato all'inizio per facilitare la distensione muscolare ed il rilassamento. Poi osservare semplicemente il respiro e percepire le varie parti del corpo, rilasciando quelle tese (se non riesci per esempio a distendere le mani fai il pugno e poi rilasci: senti la differenza fra tensione e rilassamento e vai verso il rilasciare).
Quando il respiro è regolare passi alla fase successiva della masticazione.

B) MASTICAZIONE
Alternare lo stringere i denti facendo una pressione sull'attivatore e lasciando poi la presa senza mai perdere il contatto fra denti e attivatore. Non "forzare", non si deve sentire dolore: in caso di tensione ritornare alla fase precedente per distendersi per qualche minuto e poi riprendere con la masticazione... puoi, per esempio, stringere per due secondi e poi rilasciare per altri due, trova il ritmo con cui ti trovi bene.

C) DEGLUTIZIONE
Continuando a tenere la lingua attaccata al palato, senza che faccia leva sull'attivatore (fondamentale per evitare che la lingua poi vada a far pressione sui denti), deglutire regolarmente per esempio ogni due cicli di masticazione.

NOTTURNO:

Anche se di solito fai fatica a respirare col naso di notte non preoccuparti: l'attivatore "acchiappa" contemporaneamente le due arcate e le mette in una posizione corretta che ti risolve anche l'eventuale problema del russare e ti aiuta nella respirazione notturna, migliorando anche quella diurna.
L'utilizzo notturno una volta che si inizia deve essere costante, tutte le notti, all'inizio si può introdurre gradualmente per esempio usandolo un'ora a notte, ma tutte le notti!
Può capitare di toglierselo senza accorgersene durante la notte: non importa, è necessario insistere: poi ci si abitua.
Quando ti sei abituato, prima di addormentarti, potresti ripetere gli esercizi descritti per la fase diurna.

Al risveglio è possibile che i denti incisivi siano sensibilizzati, normalmente questa sensibilità va via in breve tempo: prima di fare colazione conviene organizzarsi per fare qualche altra cosa.

Le mie osservazioni ed esperienza:

Ad oggi che scrivo sto utilizzando già da 8 mesi circa l'attivatore più morbido.

COME HO INIZIATO:
Ho messo direttamente l'attivatore per andare a dormire e l'ho tenuto 8 ore consecutive.

Ho saltato quindi tutte le fasi di possibile "adattamento", come per esempio usare l'attivatore solo di giorno per la durata degli esercizi ed aumentare gradualmente...

La prima notte ho fatto tantissimi sogni ricordando una marea di eventi della mia infanzia. Certo non tutti reagiscono allo stesso modo, ma **per tutti vale che si attivi una elaborazione inconscia dei propri vissuti**.

Ecco perché spesso anche senza fare percorsi di crescita personale o psicoterapia l'attivatore funziona comunque... spesso... ma se poi non ci sono corrispondenti nuove abitudini, nuovi vissuti e nuovi comportamenti il raddrizzamento potrebbe rallentarsi o fallire.

Ho proseguito regolarmente ad usare tutte le notti l'attivatore. Solo una volta mi sono svegliato trovandomi senza l'attivatore, avevo sognato di toglierlo e lo avevo fatto davvero.

Non avevo dato peso all'importanza degli esercizi diurni, anche se spontaneamente prima di dormire mi ritrovavo a mordicchiare l'attivatore, e questo mi ha consentito di scoprire l'importanza delle emozioni e soprattutto della "PRESA DI DECISIONE":

intorno al settimo mese di utilizzo non coglievo ancora risultati, anche se sentivo che "qualcosa si muoveva"; in quel mese ho attuato nella mia vita importanti cambiamenti, prendendo decisioni profonde e, **vi ricordo che il significato generale della bocca è "addentare decisioni"**. Nonostante non abbia mai fatto esercizi diurni in questo settimo mese di utilizzo ho avuto un discreto ed improvviso spostamento dei denti.

Ecco cosa intendo quando dico che le emozioni sono importanti e che devono essere elaborate in un certo modo.

La sensibilizzazione degli incisivi che normalmente va via velocemente durante questo mese di cambiamenti sia emotivo/decisionali che pratici mi durava quasi tutto il giorno.

Appena ho rallentato con i cambiamenti nella vita è diminuita la sensibilizzazione.

Io ho solo piccole imperfezioni da raddrizzare, mentre ho il "morso profondo" con anche la corrispondente curvatura della schiena/testa in avanti.

142

Per i denti dritti "ci siamo quasi".

Per il morso profondo (arcata inferiore più indietro...) la postura della bocca agli inizi restava corretta per qualche minuto dopo aver tolto l'attivatore, dopo 8 mesi resta quasi fino alla sera... in ogni caso richiede più tempo per essere risolto.

A partire dal settimo mese ricco di movimentazione ho avvertito una tendenza spontanea, mentre cammino, a fare dei movimenti con la testa e le spalle che poi ho scoperto essere classici esercizi per raddrizzare la schiena. Tendo a camminare più dritto spontaneamente.

In conclusione **ritengo che l'utilizzo dell'attivatore associato ad elaborazioni emotive e cambiamenti di abitudini smuova tutto il "sistema corpo" a favore di un benessere globale**.

Per questo ho ideato percorsi di crescita personale e di cambiamento che ho definito F.I.D.I.: Facilitazione Interiore Dinamico-Interattiva.

Aromaterapia e colori... anche per i pappagallini ondulati!

Premessa

Questo capitolo nasce dall'interesse di mia moglie nel voler aiutare i pappagallini ondulati con rimedi naturali come l'aromaterapia. Ha deciso di scrivere una serie di combinazioni di oli essenziali utili per varie circostanze nella vita di queste piccole creature. Considerato che da diversi anni, oltre le metodologie tradizionali, uso nel mio lavoro anche i colori e la cromoterapia simbolica, ho aiutato mia moglie a definire le scelte degli oli essenziali da usare anche in base ai colori e ai loro significati.

Colori ed oli essenziali

Ogni colore ha un suo significato psicologico, emotivo e simbolico e rispecchia determinate caratteristiche di personalità e dinamiche emotive. Allo stesso modo ogni olio essenziale ha funzioni ed effetti specifici.

Per quanto concerne i colori nel campo del visibile si va dal viola con minor lunghezza d'onda e maggior frequenza al rosso con maggior lunghezza d'onda e minor frequenza, mentre per gli oli essenziali si trova una distinzione basata sulla volatilità: i meno volatili sono anche definiti "nota di base" o "nota bassa", quelli a media volatilità sono definiti anche "nota di cuore" o "nota media" e quelli più volatili sono "nota di testa" o "nota alta". Emerge una corrispondenza con i colori: per gli oli essenziali meno volatili, quindi la nota di base, si associa il colore viola, ovvero un colore più "freddo", per quelli mediamente volatili si associa il verde quale colore intermedio fra quelli caldi e quelli freddi, mentre per gli oli essenziali più volatili, ovvero "nota alta", si associano i colori arancione/rosso, quindi i colori più "caldi". Ho inizialmente trovato strano che quest'ultima categoria a nota alta sia denominata anche "nota di testa" in quanto viene contemporaneamente associata a due colori caldi che rappresentano più aspetti dinamici ed emotivi e meno quelli razionali; credo che la capacità di favorire la concentrazione attribuita agli oli essenziali della categoria a nota alta/di testa sia una conseguenza ovvero un effetto indiretto: l'azione principale è quella positivante (arancione) e attivante (rosso) come se "aprissero gli occhi facendo vedere cosa c'è intorno" anche se non c'è più ceco di chi non vuol vedere; allo stesso modo rendere attivi può favorire la concentrazione perché "si viene svegliati" ma non è un esito automatico: se manca o è debole una caratteristica emotiva associata ai colori più bassi della Piramide Cromo-Emotiva è probabile che l'esito sia negativo; se per esempio manca la predisposizione al cambiamento associata al viola, il primo colore alla base della piramide, difficilmente un'azione attivante potrà favorire una presa di consapevolezza e concentrazione. Quindi, in base a ciò che si vuole ottenere sarà importante considerare tutti i livelli cromo-emotivi.

Grazie a questa associazione fra gruppi di oli essenziali e colori è stato possibile dare un senso più ricco e meglio motivato alla scelta delle combinazioni di oli essenziali usati, ovviamente scelti solo fra quelli adatti anche alle cocorite, infatti per uso solo umano si sarebbe potuto scegliere fra una più vasta gamma di oli essenziali.

144

Sintesi degli effetti degli oli essenziali in base ai colori

Nota di base – viola: colore che include le risorse attivanti del rosso e calmanti del blu, per questo motivo spesso si trova scritto che sono "calmanti" mentre vengono indicati anche come stimolanti. In pratica, stando al significato del viola questi oli essenziali "predispongono al cambiamento" senza ancora indurlo, lasciando quindi una sensazione di libertà di movimento senza però costringere ad esso, rispettando i propri tempi.

Nota base/cuore – blu: oli essenziali a funzione stimolante, disinfettante ma anche calmante in quanto, essendo nell'area del blu, stimolano una consapevolezza che induce calma basata su un senso di controllo. Inoltre nell'ottica della psicosomatica ogni sintomo fisico è un messaggio del corpo, perciò la presa di consapevolezza oltre a favorire un senso di serenità aiuta a sciogliere le metafore espresse dal corpo portando alla guarigione: da qui emerge l'effetto disinfettante e curativo di questi oli a livello psicosomatico.

Nota di cuore – verde: Oli essenziali rassicuranti, inducono una calma basata sulla sicurezza di sé, sul senso di "potercela fare" e sull'autostima.

Nota di cuore/testa – giallo: Oli essenziali "liberatori", favoriscono la creatività sia mettendo in evidenza le proprie potenzialità sia sollecitando una visione più ampia delle cose uscendo dagli schemi rigidi di riferimento.

Nota di testa – arancione / rosso: Oli essenziali positivanti (arancione) e attivanti (rosso), favoriscono un senso di fiducia verso gli altri (arancione) consentendo libertà di movimento e azione (rosso). Liberando bronchi e naso favoriscono la respirazione che, nell'ottica della psicosomatica, significa rappresentare la metafora positiva del "libero spazio" di respiro e di vita.

Ogni combinazione sinergica è stata valutata considerando sia gli effetti fisici/corporei sia gli effetti emotivi secondo il significato dei colori. Per esempio nella sinergia di emergenza non c'è la nota di base sia perché offre un richiamo diretto al cambiamento a cui non si è disposti quando si sta male sia perché nell'emergenza è importante agire, non c'è tempo per tergiversare e "predisporsi al cambiamento" (viola). Invece riequilibrando tutte le altre note si stimola il cambiamento, ovvero la guarigione, in modo metaforicamente indiretto e con azione dinamica immediata.

Tabella riassuntiva delle sinergie

	Sinergia Aromatica	nota di Base	Base-Cuore	nota di Cuore	nota di Testa
1	Emergenza		Origano	Camomilla - Lavanda	Eucalipto - Rosmarino
2	Antisettico generale	Cannella - Santoreggia	Timo bianco		Eucalipto - Limone
3	Calmante			Camomilla - Lavanda	Arancio dolce
4	Tonificante	Cannella	Zenzero		Rosmarino
5	Balsamica vie respiratorie	Albero del Tè		Lavanda	Eucalipto
6	Immunostimolante	Albero del Tè	Origano		Arancio dolce
7	Disturbi gastrointestinali	Santoreggia	Zenzero	Camomilla	
8	Antinsetti	Albero del Tè	Timo bianco		Rosmarino
9	Antidepressiva		Zenzero		Arancio dolce
10	Anti nausea e vomito		Zenzero		Limone
11	Depurativa				Limone - Rosmarino
12	Per il trasporto			Lavanda	Limone
	Piano di riferimento	Piano fisico-corporeo	Intermedio	Piano affettivo-emotivo	Piano spirituale-mentale
	Caratteristiche aromaterapiche	Aroma forte permanente caldo e stabilizzante poco volatile	Intermedie	Aroma morbido floreale intenso ed equilibrante moderatamente volatile	Aroma alto e fresco dinamico e vitalizzante molto volatile
	Livello cromoterapico	**Viola:** organizza predisponendo al cambiamento	**Blu:** Coscienza Volontà	**Verde:** trasmette sicurezza, forza e calma	**Arancione:** induce un senso di ottimismo, positività e attività
	Dosha Ayurveda	Kapha principio della coesione	sub-dosha	Pitta principio della elaborazione	Vata principio del movimento

Mi sono concentrato sul significato dei colori e la loro associazione agli oli essenziali. Per un approfondimento sull'utilizzo degli stessi suggerisco il seguente sito web:
http://www.cocoriti.com/oli-essenziali-rimedi-dolci-per-i-nostri-cocoriti.html

Esercitazione
per conoscere i colori

Questa esercitazione è utile per conoscere meglio i colori e riuscire a leggere più chiaramente i risultati del test.
Ogni frase è composta da due righe e ogni riga è associata in prevalenza ad un colore. Individuare il colore associato ad ogni riga e verificare i risultati nella pagina successiva.

Riepilogo sintetico
del significato di ogni colore

Bianco: dipendenza, paura di abbandonare o essere abbandonati, passività, senso di colpa, dimenticanze, confusione, bugie.
Nero: aggressività, pensieri negativi, schemi rigidi di riferimento.
Marrone: concretezza, praticità, risultati e attività concrete. Accettazione del proprio corpo.
Magenta: passione, attività ed energia riferita ad un piano materiale.
Rosso: passione, attività ed energia relazionale/emotiva
Arancione: ottimismo, fiducia verso gli altri.
Giallo: creatività, libertà dagli schemi (ideare, creare, trovare soluzioni diverse, inventare).
Verde: forza interiore, sicurezza di sé, autostima, fiducia verso di sé. Pensiero fluido e leggero.
Ciano: tranquillità, introspezione e consapevolezza di sé su un piano materiale. Obiettivi.
Blu: tranquillità, introspezione, consapevolezza di sé su un piano emotivo. Volontà, Valori.
Viola: cambiamento, transizione (fare cose diverse, passare dal fare una cosa a farne un'altra); Prendere Decisioni.

Esercitazione: "Conoscere i colori" nella quotidianità

Ogni frase è composta da due righe
Ogni riga è associata ad un colore.

Individuare il colore associato ad ognuna delle due righe di ciascuna frase.

Verificare i risultati nella pagina successiva.

N.1
Fabrizio ha concluso la costruzione della sua casa
con tanta gioia e passione.

N.2
Susanna, ha raggiunto accordi concreti col suo capo,
e si sente molto entusiasta.

N.3
Alessia ci mette grinta e passione nell'organizzare le cose...
ma poi se le dimentica.

N.4
Laura insegna ai suoi studenti con molto trasporto emotivo
fiduciosa che essi impareranno molto bene.
N.5
Andrea si fida di Lucia
e crede di essere capace di lavorare con lei.
N.6
Gigi si inventa tante cose
poi entra in confusione.

N.7
Riccardo inventa tanti giochi
e vuole sempre farne uno diverso.

N.8
Paolo è sicuro delle proprie capacità
e si arrabbia aggredendo se gli si mettono in dubbio le sue idee.

N.9
Daniela con tutta la sua forza interiore
mette tanta passione nel rapporto con gli altri.

N.10
Valerio sa che è in grado di risolvere il problema
e riesce a raggiungere risultati concreti.

N.11
Giuditta con un gran sorriso, tanta tranquillità
e lo sguardo perso nel vuoto ti dice bugie.

N.12
Ciccio con estrema calma e minuziosità
si dedica alle riparazioni dei piccoli oggetti.

N.13
Davide si rapporta con le persone in modo calmo e sereno
ma aggredisce appena le cose vanno in modo diverso dal previsto.

N.14
Oliviero in tutto relax
si gode con passione il suo giardino.

N.15
Alessandro ha cambiato macchina
ed è nervoso perché ha accessori diversi da quella vecchia.

N.16
Benvenuto ha dato una svolta alla sua vita con una nuova decisione
e ora è finalmente sereno con sé stesso.

Risultati

N.1
Riga 1) Risultati concreti: **Marrone** (il raggiungimento di risultati materiali/concreti riguarda il marrone)

Riga 2) Passione materiale: **Magenta** (la passione è riferita alla costruzione di una casa e non ad una relazione, in questo ultimo caso sarebbe stata simboleggiata dal colore rosso)

N.2
Riga 1) Concretezza: **Marrone** (anche se c'è in gioco una relazione, rosso, si evidenzia soprattutto il concetto di "raggiungimento" e di "concretezza", entrambi riferiti al marrone)

Riga 2) Passione relazionale/emotiva: **Rosso** (potremmo pensare al magenta considerato che il piacere di Susanna segue al raggiungimento di accordi concreti/marrone, tuttavia essendoci in gioco una relazione fra due persone questa prevale sulla materialità/magenta e quindi si riferisce al rosso/relazionale/emozionale)

N.3
Riga 1) Passione materiale: **Magenta** (il concetto dell'organizzazione di Alessia è riferito alle "Cose", quindi al piano materiale/Magenta piuttosto che a quello relazionale/rosso)

Riga 2) Dimenticanze: **Bianco** (dimenticarsi le cose rientra nella dinamica bianca)

N.4
Riga 1) Passione relazionale/emotiva: **Rosso** (l'azione su cui converge il trasporto emotivo riguarda le persone/rosso e non le cose/magenta)

Riga 2) Fiducia/ottimismo: **Arancione** (la fiducia verso gli altri rientra nel simbolismo dell'arancione)

N.5
Riga 1) Fiducia verso altri: **Arancione** (la fiducia verso gli altri rientra nel simbolismo dell'arancione)

Riga 2) Credere in sé stesso: **Verde** (la fiducia verso sé stessi/autostima rientra nel simbolismo del verde)

N.6
Riga 1) Creatività: **Giallo** (inventare/creare rientra nel simbolismo del giallo)

Riga 2) Confusione: **Bianco** (la confusione rientra nella dinamica bianca)

N.7

Riga 1) Creatività: **Giallo** (inventare/creare rientra nel simbolismo del giallo)

Riga 2) Cambiamento: **Viola** (cambiare, fare cose diverse rientra nel simbolismo del viola)

N.8

Riga 1) Sicurezza di sé: **Verde** (la fiducia in sé stessi/autostima rientra nel simbolismo del verde)

Riga 2) Aggressività: **Nero** (l'aggressività e la rabbia rientrano nel simbolismo del nero; è anche vero che il fatto che tale rabbia si rivolga ad altri richiama pure il simbolismo del rosso condizionato dal nero)

N.9

Riga 1) Forza interiore: **Verde** (la forza interiore/autostima rientra nel simbolismo del verde)

Riga 2) Passione relazionale: **Rosso** (l'energia e la passione in un contesto relazionale concernono il colore Rosso, solo se riguardassero aspetti materiali si riferirebbero al magenta)

N.10

Riga 1) Fiducia in sé: **Verde** (essere in grado di.../autostima rientra nel simbolismo del verde)

Riga 2) Risultati concreti: **Marrone** (il raggiungimento di risultati materiali/concreti riguarda il marrone)

N.11

Riga 1) Tranquillità relazionale: **Blu** (la calma e la tranquillità nelle relazioni riguardano il simbolismo del blu; solo se la calma è riferita ad attività pratiche/razionali simboleggia il ciano)

Riga 2) Bugie: **Bianco** (dire bugie rientra nel simbolismo della dinamica bianca)

N.12

Riga 1) Tranquillità materiale: **Ciano** (la calma e la tranquillità in questo caso si riferiscono ad attività materiali pertanto riguardano il simbolismo del ciano: Solo se la calma si riferisce ad attività relazionali/emozionali simboleggia il blu)

Riga 2) Attività concrete: **Marrone** (le attività materiali/concrete riguardano il marrone)

N.13

Riga 1) Tranquillità relazionale: **Blu** (la calma e la tranquillità nelle relazioni riguardano il simbolismo del blu; solo se la calma è riferita ad attività pratiche/razionali simboleggia il ciano)

Riga 2) Aggressività/schemi: **Nero** (l'aggressività e la rabbia rientrano nel simbolismo del nero)

N.14

Riga 1) Tranquillità materiale: **Ciano** (il relax/calma si riferisce al giardino ovvero a qualcosa di materiale pertanto riguarda il simbolismo del ciano: Solo se la calma si riferisce ad attività relazionali simboleggia il blu)

Riga 2) Passione materiale: **Magenta** (la passione è riferita ad un piacere materiale e non ad una relazione, in questo ultimo caso sarebbe stata simboleggiata dal colore rosso)

N.15

Riga 1) Cambiamento: **Viola** (il cambiamento rientra nel simbolismo del viola)

Riga 2) Schemi rigidi di riferimento: **Nero** ("nervoso" di fronte al cambiamento, gli schemi rigidi rientrano nel simbolismo del nero)

N.16

Riga 1) Cambiamento/decisione: **Viola** (dare una svolta indica prendere una decisione per seguire una nuova direzione ovvero attuare un cambiamento. Sia la presa di decisione che il cambiamento rientrano nel simbolismo del viola)

Riga 2) Tranquillità emotiva: **Blu** (la calma e la tranquillità nelle relazioni, anche con sé stessi, riguardano il simbolismo del blu; solo se la calma è riferita ad attività pratiche/razionali simboleggia il ciano)

PARALLELISMI
Analisi Transazionale - Cromo Simbolismo
Psicologia CAMS (Corpo Anima Mente Spirito)

Secondo Eric Berne, fondatore dell'Analisi Transazionale, ognuno di noi ha dentro di sé un Genitore, un Adulto e un Bambino; sono i tre stati dell'io assimilabili ai tre colori fondamentali della luce e alle tre componenti Anima-Mente Spirito.

Ø **Stato dell'Io Genitore (Blu – Anima):** si forma dai 0 ai 5 anni di vita del bambino, ma si modifica col tempo; consiste in una serie di introiezioni delle parole e dei comportamenti dei genitori e degli adulti a lui significativi. Tale registrazione permane per tutta la vita e si manifesta in comportamenti che ne riproducono le caratteristiche essenziali, ovvero in **comportamenti protettivi e normativi.**

Ø **Stato dell'Io Adulto (Verde – Mente):** inizia a formarsi verso il decimo mese di vita del bambino; consiste in una serie di registrazioni di esperienze vissute e verificate dall'individuo nel suo impatto col mondo esterno; è **orientato alla realtà e alla raccolta obiettiva delle informazioni.** Così come ogni adulto ha lo stato dell'Io Bambino, ovviamente anche un bambino ha uno stato dell'Io Adulto che si manifesta quando egli cerca informazioni, esamina la realtà, elabora stimoli esterni e così via.

Ø **Stato dell'Io Bambino (Rosso – Spirito):** si forma nel periodo di vita che va dai 0 ai 5 anni; contiene introiezioni di **sentimenti e di istinti** provati da bambini.

Il **Blu** /consapevolezza corrisponde al **Genitore**, quindi riguarda le norme e le regole e soprattutto i propri Valori, la volontà: l'**Anima**.

Il **Verde** /credere in sé stessi, rappresenta l'**Adulto** (posizione esistenziale io ok - non ok), quindi la raccolta di informazioni, il sentirsi capaci nel qui e ora, l'avere un pensiero fluido: la **Mente**.

Il **Rosso** passionale e attivo rappresenta il **Bambino** quindi i sentimenti e gli istinti: lo **Spirito**.

L'**arancione** che rappresenta fiducia verso l'altro completa il parallelismo per le posizioni esistenziali: **tu** ok – non ok

Il **marrone** è ottenuto da tre colori anziché essere un fondamentale o derivare dall'unione di solo altri due colori, perciò ha anche un significato plurimo e rappresenta la nuova posizione esistenziale **gli altri** ok – non ok

Nota per chi già conosce l'AT:
Le attribuzioni positive o negative attribuite agli stati dell'io sono in realtà da riferire alle interferenze bianco/nere.

Gli aspetti più femminili, creativi e intuitivi degli stati dell'io possono essere riferiti ai tre colori fondamentali della luce già indicati: blu-verde-rosso, mentre quelli maschili, razionali e pratici trovano parallelismo coi tre fondamentali della materia: Ciano al posto del Blu, Giallo al posto del Verde e Magenta al posto del Rosso.

Nota sui colori
Andando a guardare i significati dei colori secondo il test di Max Luscher cogliamo sfumature differenti di significato attribuite allo stesso colore in base alle scelte dei colori effettuate durante lo stesso test; in tale test non vengono considerate le differenze fra le due triadi di fondamentali di colori né le interferenze del bianco e del nero come qui proposte e basate su uno studio qualitativo non standardizzato che prosegue dal 2003.
In nessun altro studio sui colori viene considerata la doppia triade dei fondamentali, l'interferenza del bianco e nero e il significato del trasparente in sostituzione di quanto ipotizzato sul bianco; le conferme empiriche sono state ottenute con una lettura psicodinamica abbinata all'Analisi Transazionale del test "le 11 tavole colorate" proposto in questo libro.

Simbolismo: l'unico linguaggio universale
Il linguaggio dimenticato: la natura dei miti e dei sogni di Erich Fromm. Con la chiarezza e il rigore tipici della saggistica di Fromm, il filosofo e psicoanalista tedesco intraprende in quest'opera l'esplorazione nella storia dell'interpretazione dei sogni e dei miti, dalle letterature primitive alle intuizioni di Freud e Jung. Conducendoci nella selva dell'inconscio e spostando gradualmente la sua attenzione dall'individuo alle società, attraverso la lettura di miti e leggende di tutti i tempi, Fromm ci introduce ai problemi delle simbolizzazioni collettive. Una guida alla comprensione del linguaggio simbolico che è "una lingua vera e propria, e in effetti l'unico linguaggio universale che la razza umana abbia mai creato".

Simbolismo del Trasparente, Unione e Mito
Il dolore primordiale della separazione: in origine eravamo una sola cosa... poi succede qualcosa per cui ci separiamo in più parti: quel momento porta con sé un gran dolore che sperimentiamo e riviviamo in tante situazioni della vita quotidiana... così possiamo riunificarci dentro per ritrovare la pace... questo è in sintonia con la fisica quantistica, ma anche col mito: Platone definisce il SIMBOLO nell'opera il Simposio (189 d - 193 d) ricorrendo ad un mito per evidenziare la potenza di Eros sugli uomini: "L'antica nostra natura non era la medesima di oggi. In principio gli uomini erano l'uno e l'altro, uomini e donne allo stesso tempo, la forma circolare, il loro aspetto intero e rotondo. .... Zeus, volendo castigare l'uomo per la sua tracotanza, avendo voluto sfidare gli dèi, non volendo distruggerlo, lo tagliò in due. ..... (inviò Eros) fra gli dèi, l'amico degli uomini, il medico .... colui che riconduce all'antica condizione. Cercando di far uno, ciò che è due". .... la parola simbolo deriva dal greco Symbollein e significa "mettere insieme", unire... l'unione dei tre colori fondamentali della luce blu-verde-rosso porta alla trasparenza: "l'antica condizione".

Il supporto della Fisica Quantistica:
Il livello non locale del colore Trasparente

Fu proprio **Einstein** a usare quelle irridenti parole – "**azione fantasmatica a distanza**" – ormai entrate nella storia per definire l'**entanglement**.

**Nelle pagine seguenti parleremo di Entanglement,
Dualismo onda particella
e Comunicazione a distanza: il quarto livello!
Inoltre vedremo esercizi
per lo sviluppo delle capacità comunicative a distanza.**

Lo studio del colore, ovvero delle onde elettromagnetiche, rientra nell'ambito della fisica quantistica. Se osserviamo un materiale ingrandendolo sempre di più arriviamo alle molecole, agli atomi... per la luce arriviamo ai fotoni... finché giungiamo quindi ad un livello non più corpuscolare/materia ma ondulatorio/energia: è il livello non locale del colore trasparente.

Entanglement:
fenomeno dimostrato dalla fisica quantistica,
base scientifica dei fenomeni di comunicazione a distanza e sincronicità.

Dualismo onda particella
fenomeno dimostrato dalla fisica quantistica,
base scientifica del concetto di Creazione e Co-Creazione.
Siamo contemporaneamente materia (natura corpuscolare)
che energia sottile (natura ondulatoria)... dalla luce si può creare materia:
Co-Creiamo consapevolmente.

Comunicazione a distanza: il quarto livello
Comunicare con un'altra persona come se fosse davanti a noi, anche se è dall'altra parte del mondo, anche se non abbiamo il telefono o internet:
è la comunicazione entanglement.
Impariamo ad usare consapevolmente la comunicazione non locale:
avvertire emozioni o pensieri di altre persone anche se fisicamente lontane...
fare domande e ottenere risposte senza dire una parola,
senza vedere l'altra persona.

Un po' di storia

1935   Paradosso EPR: Einstein, Podolsky e Rosen.
1982   Alain Aspect dimostra che l'entanglement è reale.
1984   Carlo Rubbia vinse il Nobel per la fisica dimostrando che solo la miliardesima parte della nostra realtà (incluso il nostro organismo) è pura materia, il resto sono frequenze (energia-informazioni-vibrazioni).
2012   Anton Zeilinger apre la strada all'applicazione del fenomeno dell'entanglement anche a sistemi macroscopici, ossia a oggetti del mondo quotidiano.

Paradosso EPR: Einstein, Podolsky e Rosen

Albert Einstein cercò di dimostrare l'infondatezza della fisica dei quanti per spiegare la vera natura della realtà. Ma alla fine le prove sperimentali gli diedero torto.

Nel 1935, prima sulla rivista "Physical Review" e poi con un articolo sul "New York Times" destinato al grande pubblico, **venne annunciato il cosiddetto paradosso EPR**. Le tre lettere erano le iniziali di Einstein, Boris Podolsky e Nathan Rosen

La conferma dell'entanglement

Era chiaro che Einstein aveva trovato una crepa nella teoria dei quanti. Se si fosse accettata la teoria, si sarebbe dovuto accettare il paradosso EPR e quindi anche un principio di non-località, ossia il fatto incontrovertibile che **l'entanglement, la "relazione" tra le particelle quantistiche, si mantiene a prescindere dalla distanza nello spazio e al di là della limitazione relativistica della velocità della luce.** Dopo il fallimento di alcuni tentativi di dimostrare l'infondatezza del paradosso, i fisici dei quanti decisero di non pensarci più. Einstein o meno, la meccanica quantistica funzionava davvero, e ciò bastava alla scienza: domande di natura filosofica vennero messe da parte negli anni della guerra e in quelli della Guerra fredda, in cui i fisici divennero ingranaggi della grande macchina della Difesa contro la minaccia nucleare sovietica.

Ma le cose cambiarono nei decenni successivi. Stimolato dalle ricerche teoriche di John Bell negli anni '60 sulla coerenza del fenomeno dell'entanglement, il fisico sperimentalista francese **Alain Aspect nel 1982** riuscì per la prima volta a realizzare quello che per Einstein era un semplice esperimento mentale. Si **dimostrò incontrovertibilmente che l'entanglement era reale**, e che per quanto paradossale fosse il fenomeno esso era pur tuttavia concreto. In quegli anni, molti fisici cominciarono a chiedersi quello che probabilmente anche il lettore ora si starà chiedendo: sarebbe possibile utilizzare l'entanglement per comunicare a distanze enormi superando il limite della velocità della luce? Successivi esperimenti e analisi teoriche hanno portato a rispondere negativamente alla domanda, poiché non sembra possibile poter controllare il processo di entanglement: lo sperimentatore può solo osservare e misurare una grandezza di una particella, ma i limiti della meccanica quantistica impediscono che la possa manipolare per modificare l'esito del collasso della funzione d'onda nella particella entangled.

Qualcosa però si può fare: il teletrasporto. Non quello di Star Trek, purtroppo, ma solo quello di singoli fotoni che, come è noto, non possiedono massa. **È possibile cioè utilizzare l'entanglement per "copiare" alcune proprietà di un fotone A** – come il suo spin – **e trasferirle a un fotone B distante nello spazio.** È da qui che il gruppo di ricerca dell'austriaco **Anton Zeilinger** ha mosso i primi passi in un settore del tutto nuovo, confermato da continui esperimenti di frontiera, nel **2012**, che secondo lo scienziato potrebbe **aprire la strada all'applicazione del fenomeno dell'entanglement anche a sistemi macroscopici, ossia a oggetti del mondo quotidiano.**
Fonte: http://scienze.fanpage.it/nuova-conferma-per-l-entanglement-il-piu-grande-mistero-della-fisica/#ixzz2DFl4j7pP

Dualismo onda-particella
In fisica, con dualismo onda-particella o dualismo onda-corpuscolo si definisce la duplice **natura, sia corpuscolare sia ondulatoria, del comportamento della materia e della radiazione elettromagnetica.**

Tale caratteristica emerse all'inizio del XX secolo, come ipotesi nell'ambito della teoria dei quanti e dall'interpretazione di alcuni esperimenti. Ad esempio l'effetto fotoelettrico, con l'introduzione del fotone, suggeriva una natura corpuscolare della luce, che d'altra parte manifestava chiaramente proprietà ondulatorie nei fenomeni della diffrazione e dell'interferenza (esperimento di Young). Specularmente, particelle come l'elettrone mostravano, in opportune condizioni, anche proprietà ondulatorie.

Il paradosso rimase tale fino all'avvento della meccanica quantistica, quando si riuscì a descrivere i due aspetti in modo coerente, specificando la modalità di manifestazione del dualismo mediante il principio di complementarità. La successiva scoperta dei limiti di tale principio ha portato a superare, a livello quantistico, i concetti di onda e particella, poiché inadatti a descrivere i sistemi fisici in tale ambito.
Fonte: https://it.wikipedia.org/wiki/Dualismo_onda-particella#:~:text=In%20fisica%2C%20con%20dualismo%20onda,materia%20e%20della%20radiazione%20elettromagnetica.

"L'espressione **dualismo onda-particella** si riferisce al fatto che **le particelle elementari come l'elettrone o il fotone, mostrano una duplice natura**, sia corpuscolare sia ondulatoria."

La Co-Creazione, base scientifica:
È possibile creare in laboratorio una coppia di particelle di materia e di antimateria

I ricercatori hanno dimostrato che è possibile creare in laboratorio una coppia di particelle di materia e di antimateria (un elettrone e un positrone) facendo collidere dei fotoni (LUCE) con un determinato livello di energia. Si tratta, in pratica, di una conversione della luce energetica in materia, qualcosa che è consequenziale alla più nota equazione di Einstein, E=mc2. Questa equazione afferma infatti che l'energia e la materia sono intercambiabili quando entra in gioco la luce.

Acceleratore Relativistic Heavy Ion Collider (RHIC)

Con questo acceleratore i ricercatori sono in grado di accelerare ioni d'oro al 99,995% della velocità della luce. Come spiega Zhangbu Xu, ricercatore del RHIC, ci si serve di due "nuvole" di fotoni che vengono proiettate una contro l'altra con un livello di energia e di intensità non sufficienti a far sì che gli ioni si scontrino. Gli ioni, infatti, si sfiorano soltanto in modo che i campi di fotone possano interagire.[1]

Lo studio è stato pubblicato su Physical Review Letters.[2]

Fonte: https://notiziescientifiche.it/scienziati-dimostrano-che-e-possibile-creare-materia-e-antimateria-solo-con-la-luce/

Carlo Rubbia vinse il Nobel nel 1984 per la fisica dimostrando che solo la miliardesima parte della nostra realtà (incluso il nostro organismo) è pura materia, il resto sono frequenze (energia-informazioni-vibrazioni).

Perciò se si considera solo la materia, si considera solo un miliardesimo della nostra realtà.

Tutte le cause del comportamento della materia sono da vedere nella interazione tra materia e frequenze.

Fonte: https://www.laboratorioaura.it/

Entanglement e Vita quotidiana

L'entanglement fra due particelle si sviluppa con una particolare procedura in laboratorio e reagiranno entrambe istantaneamente allo stimolo proposto ad una di esse anche se lontane km...
E fra le persone come si attiva?
Pensate a due innamorati, pronunciano le stesse parole insieme, sentono se l'altro sta bene o male anche se è dall'altra parte della città.... Io sentii quando morì mio padre e solitamente percepisco le sensazioni ed emozioni delle persone, anche a distanza...
L'elemento base dagli esperimenti sulle particelle sembrerebbe l'interazione, ma fra le persone l'elemento base **sembra essere la presenza delle emozioni.**
Ho messo in evidenza che può avvenire anche fra persone che non si conoscono se le stesse provano emozione per un contenuto/obiettivo comune...
Riflettere su questo, esserne consapevoli, significa comprendere quanto potere abbiamo... perché in realtà andiamo oltre la comunicazione, certe cose sono modificabili, entriamo nell'ottica della CO-CREAZIONE (vedi: dualismo onda particella e creazione di materia dalla luce)

Siamo contemporaneamente materia (natura corpuscolare) che energia sottile (natura ondulatoria).
È importante usare entrambe le nostre risorse per vivere bene e in armonia.
Nelle prossime pagine propongo esercizi ripetibili a casa in autonomia per utilizzare anche la nostra energia sottile, per comunicare con essa ed agire in sinergia.
Il metodo che ho inventato della inversione interpretativa e il salto dell'ostacolo saranno le basi su cui costruire con creatività la nostra esperienza. Il metodo è descritto nelle pagine seguenti.

Principio di minimo stimolo, biologia molecolare e psicologia.
"È ormai noto da decenni quanto annunciato dai famosi Weber e Fechner, che "per avere un grande effetto in un organismo vivente lo stimolo a esso inviato deve essere il più piccolo e infinitesimale possibile", al contrario uno stimolo di grande portata potrà anche avere un effetto incredibile, seppur transitorio, ma purtroppo sempre dannoso per l'organismo se inviato a esso per periodi prolungati.
Siamo esseri, dal punto di vista fisico, che fungono da antenne perché in grado di emettere e ricevere segnali elettromagnetici a partire dalla struttura elicoidale del nostro DNA. Grazie a una branca della biologia molecolare denominata epigenetica sappiamo che l'ambiente e i diversi stili di vita sono in grado di modificare il nostro DNA. Le nostre membrane cellulari entrano in

159

oscillazione per trattenere il segnale elettromagnetico debole e naturale ritenuto utile e si "schermano" in presenza di segnali troppo elevati o non utili.

Il problema di oggi è rappresentato dal fatto che interagiamo con frequenze di tale entità e portata che sono in grado di penetrare attraverso le nostre barriere naturali e sono in grado di disarmonizzare il nostro sistema."

Fonte: https://q1healthbiotechnology.it/principio-minimo-stimolo-biologia-molecolare/

A questo punto possiamo risintonizzare riaccordare e riequilibrare la nostra Persona nel rispetto del suo Essere in risonanza con la natura che ci appartiene e nella quale siamo immersi... Possiamo farlo con l'aiuto della tecnologia e anche con metodi basati su meditazione, visualizzazione, concentrazione.

Ingrandendo la materia scopriamo le molecole, gli atomi, i neutroni, i protoni...ma ingrandendo ulteriormente scopriamo che la stessa è composta sì, da particelle ma che al contempo possono essere anche onde; quindi tutto ciò che identifichiamo attraverso una massa non è da considerarsi riconducibile a quella che comunemente si considera come normale materia tangibile ma c'è molto altro da sapere.

Dobbiamo neutralizzare tutti i disturbi al nostro equilibrio energetico
- acqua viva
- luce in casa/ufficio a spettro completo
- Anti elettromagnetismo (naturale o tecnologico, a flusso o per risonanza)
- ionizzazione ambiente
- sport
- crescita personale – interiore
- cibo, ecc..

Sul web, come in questi siti trovate molti spunti, articoli e descrizioni: https://www.idealandia.it/   https://www.laboratorioaura.it/ https://www.erboristeriarcobaleno.com/energia_sottile.html

Non fa paura l'Empatia?
"Sentire dentro le emozioni altrui"... Se pensiamo a quante emozioni dolorose ci sono in giro, a quante ne possiamo già avere noi... Chi ha voglia di "sentire dentro di sé" persino le emozioni di altri?

Ecco come il termine empatia oggi viene abusato e quasi perde il suo significato più profondo.

Il problema è che nessuno ci insegna a scuola come gestire le nostre emozioni, figuriamoci quelle degli altri.

Se sentiamo una persona che sta male tendenzialmente ci "dispiace"... E se non ti dispiace ti dicono che non sei empatico... Caxxata...

Essere empatici significa sentire l'emozione dell'altro, proprio come se fosse la nostra, ma non è la nostra.

A questo punto cosa può fare una persona empatica se non si dispiace?

INVERTIRE la direzione della "cinghia di trasmissione" inviando a propria volta una emozione positiva all'altra persona.

Attenzione però: per sostenere l'altra persona NON dobbiamo puntare subito ad "incoraggiarla", infatti il coraggio è all'opposto della paura, e la paura è la base delle emozioni dolorose.

Stando alla teoria della piramide dei colori, più stiamo alla base della piramide e meglio sosteniamo "le basi" delle dinamiche emotive. Alla base ci sono i colori freddi che includono tranquillità e consapevolezza.

Accogliere una emozione è già un passo verso la consapevolezza. Resta da infondere tranquillità.

Quindi: l'altro è disperato e voi siete tranquilli... Sembra poco empatico.

Infatti si può confondere con chi è tranquillo perché non gliene frega nulla.

Se sei empatico senti l'emozione dell'altro, se sei competente nel gestire le emozioni resti sereno perché sai che in quel modo sarai veramente d'aiuto all'altra persona.

Questo "gioco del sentire dentro" è collegato all'entanglement

Esercizi per vivere l'esperienza della vera Empatia / Entanglement
... e migliorare i rapporti interpersonali.

Premessa

Dottore, lei sicuramente è bravissimo coi suoi figli. Ci ha aiutati tantissimo coi nostri!

... Questo è un chiaro riferimento alla "SIMPATIA" (ciano) e non alla "EMPATIA" (blu).

Spesso ci si aspetta che per poter essere aiutati (arancione/rosso) l'altra persona abbia vissuto le nostre stesse esperienze, questo ha a che fare col "simpatizzare".

Io non ho figli, ma vivo esperienze di empatia... Si, perché l'empatia è una vera e propria esperienza: senti dentro le emozioni dell'altro. Non si tratta solo di comprenderle o averle vissute nella propria vita (simpatia) ma di sentirle dentro (empatia) pur non avendole mai conosciute...

E poi bisogna anche saper distinguere quali sono le tue emozioni e quali sono invece quelle che senti dentro e che appartengono a qualcun altro.... Tutto questo ha a che fare con la consapevolezza e nella piramide cromo-simbolica la troviamo nel blu (consapevolezza emozionale) e nel ciano (consapevolezza materiale/razionale).

L'empatia è situata ad un livello base, nel colore freddo blu ed è carica di tranquillità e saggezza.

Purtroppo quando ascoltiamo gli altri stando invece su un livello di "comprensione"/simpatia siamo al livello più razionale/logico del ciano (colore fondamentale della materia) che si orienta alla definizione di obiettivi concreti "spingendo" l'altro ad uscire subito dal problema: questa non è accoglienza, questa è fuga.

Se stiamo al livello emozionale del blu (colore fondamentale della luce) pur sentendo dentro le emozioni magari "dolorose" dell'altro in realtà siamo calmi e trasmettiamo accoglienza e tranquillità. Questa posizione così "tranquilla" invita inconsciamente e per via entanglement l'altro a stare tranquillo e acquisire la necessaria lucidità per essere pienamente consapevole delle sue risorse (verde), per rivedere la situazione con occhi diversi e orientarsi in autonomia verso la soluzione (giallo) ....

Ecco perché anche se conosco tanti modi per gestire i figli evito il più possibile di suggerirne... Perché emergono da sé... Io "supervisiono" e restituisco alle persone la loro autonomia (verde /arancione) per agire (magenta/rosso) concretamente (marrone).

Esercizi introduttivi
per favorire l'empatia, ovvero l'entanglement

Il **canale delle visualizzazioni** è un potente alleato per esercitarsi, l'importante è avere alcuni accorgimenti per **"filtrare/pulire" questo canale** dalle possibili interferenze siano esse esterne o interne (convinzioni bloccanti, pensieri negativi, condizionamenti sociali, ecc.).

In tal senso ho studiato i seguenti **5 FILTRI**:

1 - **lo specchio**: verificare che l'immagine apparsa sia uguale anche in uno specchio (in visualizzazione mentale), altrimenti bruciarla e cercarne un'altra.

2 - **Sentire emozione**: è importante essere "coinvolti" durante gli esercizi", la freddezza, ovvero il distacco emotivo, è il contrario dell'entanglement che invece significa "intreccio".

3 - **Analisi della semplicità** che non vuol dire assenza di impegno, piuttosto qualcosa di intuitivo e coerente.

4 - **Analisi della completezza**: visione di insieme, la soluzione deve coprire in modo sistemico i vari aspetti della vostra vita che sono coinvolti dal tema sul quale si chiede consiglio.

5 - **Analisi del livello di autonomia**: intrinseco all'immagine, ovvero il consiglio o il messaggio che deriva dall'immagine deve richiedere attività, emozioni e/o pensieri a noi a non ad altri.

Procedere per "stratificazione", ovvero iniziare ad esercitarsi sui primi passi e aggiungere le fasi successive quando le prime sono state apprese ed esercitate a sufficienza; ognuno ha i suoi ritmi e le sue predisposizioni.

FASE PRELIMINARE:

ANTI OVERTHINKING (rimuginare, eccesso di pensiero)
Qui vogliamo eliminare i disturbi legati all'eccesso di pensiero
- Mettersi **comodi,** in una posizione in cui poter stare **fermi**
- **Fissare un punto** davanti a sé in modo da lasciare fermi anche gli occhi.
- Fare **qualche respiro profondo**
- Lasciare andare il **respiro** in modo "automatico" e **ascoltarlo per circa 30 secondi....**
- Stando immobili e con sguardo fisso, **ascoltare una sensazione fisica** (per esempio mani che si toccano, oppure i piedi che toccano in terra o il sedere che tocca la sedia...) per 30 secondi
- Poi, stando immobili e con sguardo fisso, **ascoltare contemporaneamente** la **sensazione fisica** e un **suono/rumore** intorno a voi (o il suono bianco del silenzio)... per almeno 5 minuti
- Ogni volta che arriva un disturbo esterno come un rumore o una persona considerare l'accaduto come "un richiamo all'esercizio" e riprendere....
- Ogni volta che arriva un disturbo interno come un pensiero, accoglierlo e "parcheggiarlo" da una parte per riprenderlo più tardi, tornare all'esercizio.
Questa fase anti overthinking può essere ripetuta più volte al giorno... l'ideale sarebbe almeno una volta al giorno per almeno 5 minuti consecutivi.

PRIMA FASE - PRE allenamento alla visualizzazione

- Ad occhi aperti **fissare un oggetto, oppure pensare ad un oggetto ben preciso** e delineato.
- chiudere gli occhi
- fare respiri profondi, intensi ma delicati
- continuare coi respiri profondi sino ad una leggera iper-ossigenazione
- percepire la sensazione offerta dall'iper-ossigenazione:
> come se fosse un leggero capogiro, quasi un colpo di sonno ma si resta svegli...
> come se ci si stesse per addormentare, ma si resta svegli...
- **in questo stato lasciare che emerga l'immagine focalizzata** prima di chiudere gli occhi
Nota Bene: L'immagine in realtà può "apparire" in qualunque momento, anche solo dopo il primo respiro...
> ripetere più volte, almeno una volta al giorno

Si può comunque iniziare direttamente anche con la seconda fase.

SECONDA FASE allenamento alla visualizzazione con:
L'IMMAGINE CONSIGLIO

Considerazioni:
A) Qualunque immagine apparirà andrà verificata coi 5 filtri descritti a inizio capitolo.
B) Se necessario cercare un'altra immagine che rispetti i 5 filtri.
C) Le immagini che possono apparire sono di qualunque tipo: astratte, concrete, logiche, insensate, banali, artistiche, di fantasia, belle, brutte, ecc... Non importa, avranno un loro senso da decodificare successivamente.

SE NON "APPARE" nulla:
Immaginate di dipingere mentalmente la prima cosa che vi viene in mente e proseguite con l'esercizio.

Come procedere (immagine consiglio):

- mettersi comodi (qualunque posizione va bene purché sia comoda)
- **focalizzare l'attenzione su qualcosa di importante e coinvolgente su cui chiedere consiglio** a sé stessi (alla propria energia sottile, definita spesso anche Coscienza)
- chiudere gli occhi
- fare respiri profondi, intensi ma delicati
- continuare coi respiri profondi sino ad una leggera iper-ossigenazione
- percepire la sensazione offerta dall'iper-ossigenazione:
  > come se fosse un leggero capogiro, quasi un colpo di sonno ma si resta svegli...
  > come se ci si stesse per addormentare, ma si resta svegli...
- in questo stato lasciate che emerga un'immagine che rappresenterà un consiglio
- immaginare uno specchio e controllare che l'immagine apparsa sia uguale nello specchio, altrimenti cercarne un'altra.
- quando l'immagine supera il primo filtro dello specchio verificare gli altri 4 punti: deve suscitare emozione, essere "semplice", offrire un senso di completezza e favorire l'autonomia, ovvero suggerire qualcosa che potete fare voi e non qualcun altro.

Domande utili per l'interpretazione dell'immagine consiglio:
- cosa ti fa venire in mente questa immagine?
- a cosa ti fa pensare?
- che sensazioni ti suscita?
- cosa ti colpisce di più?
- le caratteristiche che cogli in questa immagine in che modo sono un consiglio per te nella tua vita?

Esercizi ENTANGLEMENT
Primo livello

Versione in coppia.

- Scegli una persona con cui fare l'esercizio. Saranno sufficienti dai 5minuti in su al giorno.
- Uno dei due pensa a un oggetto o un animale o un frutto... Senza dirlo all'altra persona. Dovrà "inviare" il nome/immagine/odore/sapore/suono dell'oggetto all'altra persona

Fase anti overthinking
Entrambi vi mettete comodi, in una posizione in cui potete stare fermi, fissate un punto davanti a voi in modo da lasciare fermi anche gli occhi. Fate qualche respiro profondo e poi lasciate andare il respiro in modo "automatico" e lo ascoltate per circa 30 secondi....

Poi, stando immobili e con sguardo fisso, ascoltate una sensazione fisica (per esempio mani che si toccano, oppure i piedi che toccano in terra o il sedere che tocca la sedia...) per 30 secondi

Poi, stando immobili e con sguardo fisso, ascoltate contemporaneamente la sensazione fisica e un suono/rumore intorno a voi (o il suono bianco del silenzio)... per due minuti

Poi Entrambi chiudete gli occhi...

Chi ha scelto l'oggetto prosegue così:
- senza dirlo all'altra persona, si concentra per visualizzare **l'immagine,** preferibilmente **carica emotivamente**, ovvero in grado di suscitare emozione quando la si visualizza.
- Si ripete mentalmente la parola, per esempio "mela"...
- Visualizza la mela è si ripete mentalmente "mela"...
- Dopo circa 10 secondi aggiungere il senso dell'olfatto (percepire l'odore dell'oggetto scelto)
- Dopo altri 10 secondi aggiungere il senso del gusto (percepire il sapore dell'oggetto scelto)
- Dopo altri 10 secondi aggiungere l'udito, percepire il rumore che possono fare le particelle che compongono l'oggetto, nell'esempio la mela.... Quindi stando fermi si visualizza l'oggetto, si ripete il nome mentalmente, si sente l'odore che emana l'oggetto (non scegliete una puzzola), il suo sapore e il suono....
E' importante "vivere" questo momento con emozione.
Si resta in questa condizione almeno 5 minuti, si finisce prima se l'altra persona coglie subito di quale oggetto si tratta.

L'altra persona che deve percepire di quale oggetto si tratta:
- resta immobile, a occhi chiusi, in stato di rilassamento che può favorire nel proprio modo preferito, o semplicemente restando concentrata sul proprio respiro.... Ed anche aperta ad accogliere il nome dell'oggetto, o l'immagine, o l'odore, o il sapore, o il suono... o tutto insieme.

Le prime volte si possono scegliere anche solo due sensi... per esempio solo vista (immagine) e sapore...., oppure solo vista e odore... ecc... **più sensi si coinvolgono e più la mente da "corpuscolare" si converte in "onda" e si facilità "l'invio del messaggio".**

Si può fare tutti i giorni per almeno 5 minuti, alternandosi fra chi pensa all'oggetto e chi riceve il nome/immagine....

Versione individuale
Potete alternare invio e ricezione:

Invio
Fare tutto quello che fa chi sceglie l'oggetto nella versione di coppia. Nella scelta dell'oggetto però immaginate che lo stiate chiedendo a qualcuno. Per esempio desiderate un cibo particolare per pranzo: chiedetelo in questo modo, "inviando" l'immagine attraverso la visualizzazione, ripetendo il nome, sentendone odore, gusto e suono... Almeno per 5 minuti al giorno... alla fine l'altra persona riuscirà a cogliere la richiesta ed esaudirla anche senza rendersene conto, ma in accordo inconscio con voi. Non **si parla di** manipolazione ma di **"inviti"**, proposte, come fareste con le parole....

Ricezione
Fare tutto quello che fa la persona che non sceglie l'oggetto nella versione di coppia aggiungendo di concentrarvi su una persona e **voler cogliere qualcosa che sente o qualcosa che vuole,** per esempio:
che cibo vorrebbe a pranzo?....
Che regalo vorrebbe per il compleanno?...
Almeno 5 minuti al giorno, ogni volta **verificate se avete "percepito" giusto.**

Questo è il primo livello di esercizi di comunicazione entanglement.
Segue il secondo livello.

Esercizi ENTANGLEMENT
SECONDO livello: TWC

Il secondo livello di esercizi si basa sull'**inversione comunicativo-interpretativa**: "**Two Way Communication**" che è molto potente.
Questa è la vera rivoluzione nell'uso delle visualizzazioni, che propongo per la prima volta in questa seconda edizione del mio libro "La cromo-Terapia Simbolica e il potere del doppio trio dei Fondamentali".

Siamo abituati in due modi:
1) Visualizzare spontaneamente delle immagini da interpretare come si fa coi sogni.
2) Visualizzazioni guidate dove vengono proposte immagini ad hoc per stimolazioni specifiche.

Io propongo il terzo modo, considerando la TWC, con l'inversione interpretativa:
3) **Visualizzare spontaneamente delle immagini, non si sa quali immagini saranno ma si sa già in anticipo cosa significano.**

Si tratta di considerare che di solito chiediamo al nostro inconscio / alla nostra coscienza / energia sottile di dirci qualcosa attraverso il linguaggio simbolico delle immagini (prima via di comunicazione) e ora invece (seconda via di comunicazione) le chiediamo qualcosa tipo:
- Come si dice in immaginese "xxxx"?
Per esempio:
- Come si dice in immaginese "io che ho tanti clienti"?
Poi a nostra volta focalizzandoci su quella immagine stiamo chiedendo alla nostra componente "onda"/ energia sottile di creare quella realtà (seconda via della comunicazione + inversione interpretativa).

Nulla di nuovo nel focalizzare per esempio "io che sto in ufficio e ho tanti clienti che si alternano davanti a me".... Questo tipo di esercizio per creare la realtà esiste già.

Io sto proponendo di **differenziare fra il concetto e il simbolo**: nell'esempio il concetto è "immagine di me stesso con tanti clienti" – **il simbolo invece sarà una qualunque immagine** che possiamo cogliere in rilassamento.

Io la prima volta che feci questo gli diedi il nome di
SALTO DELL'OSTACOLO:
realizzare quanto desiderato saltando ciò che ci ostacola. **L'ostacolo rimane ma viene osservato da un altro punto di vista.** Io chiesi a me

167

stesso proprio come si diceva "io che ho tanti clienti" e l'immagine che mi apparve fu uno scrigno bellissimo e dorato infondo al mare... mi emozionai e nella settimana successiva il numero di cliente era 5 volte in più. Il risultato non fu stabile. Poi capii perché: dovevo comunque sciogliere l'ostacolo. Lo feci, riguardava una decisione difficile e mi venne facilissimo prenderla... I risultati si stabilizzarono per due anni, poi un evento "sociale" mi ostacolò nuovamente, non ero preparato a questo e dovetti "riassestarmi".

In ogni caso con questi esercizi, nonostante una prima instabilità e qualche scossone successivo, i risultati raggiunti non sono mai tornati "indietro" come prima e ho raggiunto anche altri risultati nello stesso modo. **È importante essere costanti nella comunicazione con noi stessi e usare tutte e due le direzione della comunicazione.**

Oltre i risultati concreti raggiunti si innalza anche il livello di consapevolezza e si risolvono "faccende in sospeso" che ci autolimitano.

Come usare le TWC per favorire l'entanglement?

IN COPPIA
- mettersi comodi (qualunque posizione va bene purché sia comoda)
. **chi riceve** seguirà solo i passaggi di rilassamento e resta in "ascolto" nella fase di leggera iper-ossigenazione
Chi invia:
- **focalizza l'attenzione su qualcosa di sé che si vuole trasmettere** all'altra persona, può essere uno stato d'animo, un desiderio, qualcosa di ben chiaro a sé stesso (non si tratta di "oggetti").
- chiudere gli occhi
- fare respiri profondi, intensi ma delicati
- continuare coi respiri profondi sino ad una leggera iper-ossigenazione
- percepire la sensazione offerta dall'iper-ossigenazione:
> come se fosse un leggero capogiro, quasi un colpo di sonno ma si resta svegli...
> come se ci si stesse per addormentare, ma si resta svegli...
- in questo stato **lasciate che emerga un'immagine che rappresenterà il concetto che si vuole trasmettere** (concetto: non "oggetto").
- questa immagine dove superare il filtro emotivo: dove suscitare qualche emozione per essere valida ed essere uguale nello specchio mentale; attenzione a non sminuire le immagini che appaiono, a volte sembrano "banali" o "troppo semplici", ma **ciò che conta è se l'immagine ha suscitato emozione** ed è uguale nello specchio.
- vivere e focalizzare l'immagine simbolica finché l'altra persona non coglie il senso del messaggio e lo comunica a voce.
L'immagine simbolica apparsa spontaneamente NON è da interpretare, perché il significato lo abbiamo attribuito "pre-visualizzazione". Tuttavia è possibile farne comunque una lettura perché spesso ci dice qualcosa in più, dettagli interessanti e importanti che avevamo a livello inconscio.

Autostima entanglement

Creiamo la nostra parte di realtà comunicando ciò che abbiamo nel nostro inconscio, non ciò che pensiamo razionalmente.

Quante volte avete sentito dire "Prima il dovere poi il piacere"?
Ma il primo dovere è il piacere, infatti nella piramide dei colori c'è sempre prima un colore fondamentale della luce (piacere) e poi della materia ("Volere", simile al "dovere" che in realtà però appartiene al nero): luce=emozioni, materia=concretezza e logica.

Esempio di passaggio da bassa autostima ad alta autostima

BASSA AUTOSTIMA
Il Problema è cosa c'è nell'inconscio:
- idea del mondo del lavoro frenetico
- quindi lavorare è faticoso
- allora **per stare bene non possiamo lavorare** (convinzione legata alla bassa autostima)

ALTA AUTOSTIMA
Rompere lo schema – divertiamoci e concentriamoci sulla seguente realtà:
- lavoriamo in serenità
- guadagniamo abbastanza
- possiamo fare e avere tutto ciò che ci serve
- parola chiave: **vado a divertirmi (anziché "a lavoro")**
Trasmettiamo questo concetto: vivere la vita, non faticare, divertirsi (Alta Autostima)... troveremo chi è d'accordo con noi e co-creeremo un nuovo mondo.
Se ci comportiamo e proviamo emozioni COME SE le cose sono già in un certo modo, per esempio come se abbiamo già il lavoro o il fidanzato/a che ci piace, entreremo in contatto con le persone giuste, **faremo spontaneamente ciò che serve per arrivare a creare quella realtà.**
Qui è importante ricordarsi una strategia:
**TRASFORMARE OGNI OSTACOLO O BOICOTTAGGIO
IN VANTAGGIO:**
Anche se ti rompono la macchina o ti distruggono in qualche modo... può essere difficile, lo capisco, trasformare simili cose in vantaggio passando attraverso la razionalità. MA SI PUO': ti propongo di **concentrarti sull'emozione e sull'intenzione di voler trasformare,** per esempio, la macchina distrutta o un licenziamento in un vantaggio... sentirti contento perché sai che ne trarrai vantaggio, perché è quello che vuoi! Non sai come farai, ma sai che è quello che vuoi e perciò sai già che in qualche modo trasformerai quell'ostacolo in vantaggio! No, no sai COME, ma **sai che lo farai!**

Internet/Biblio-grafia

http://www.psicologiasaveriocaffarelli.it
http://www.arcobaleno.net/curiosita/Aura-significatocolori.htm
http://www.colorare.net/comunicare.htm
http://guide.dada.net/arte_moderna/interventi/2004/07/169628.shtml
http://simboli.blog.dada.net/post/289854
http://digilander.libero.it/acqua67/il%20significato%20dei%20colori.htm
http://www.serbi.info/sigcolori.htm
http://www.map-online.it/colori.htm
http://www.disinformazione.it
http://www.psiconline.it/article.php?sid=6634
http://it.wikipedia.org/wiki/Intelligenza_(psicologia)
http://www.amrapur.it
http://it.wikipedia.org/wiki/Spettro_visibile
http://www.psiconline.it/article.php?sid=6634
http://www.aroma-zone.com/aroma/accueil_fra.asp
http://www.scentbar.it/
http://www.mapit.it/ma/ma_3dosha.html
https://www.saratrabalza.com/fiori-australiani/

- Claudia Rainville, Il Grande Dizionario della MeteMedicina, Sperling & Kupfer.
- Romeo Compostella, Curarsi con i colori, ed. Riza, Milano
- A.R. Colasanti, R. Mastromarino (1994). Ascolto Attivo. Roma: IFREP
- D. Francescato, A. Putton, S. Cudini (1986). Star bene insieme a scuola. Roma: NIS
- BROCKERT, BRAUN, Scopri la tua intelligenza Emotiva, ed. Mondadori, Milano, 1997
- FRANCESCATO, PUTTON, Star meglio insieme, ed. Mondadori, Milano 1997
- Corrado Malanga, Alieni o Demoni, ed. Chiaraluna - PG
- GOLEMAN, Intelligenza Emotiva, Milano, 1996
- GORDON, Insegnanti efficaci, ed. Giunti Lisciani, 1991
- Eric Berne, Ciao!...E poi?, Ed.Tascabili Bompiani RCS, 2000
- Gouldin M., Goulding L., Il cambiamento di vita nella terapia ridecisionale, 1983. Astrolabio
- Erich Fromm, Il linguaggio dimenticato, ed. Valentino Bompiani, 1962
- Corriere della Sera, articolo del 21 settembre 1997 Pagina 26 a firma di Lanfranco Belloni (esperimento luce fotoni / creazione materia)
- Max Luscher, Il test dei Colori, Astrolabio Ubaldini ed. 1976
- Lorna Smith Benjamin, Diagnosi Interpersonale e Trattamento dei Disturbi di Personalità. Ed. Italiana a cura di Pio Sciligo
- Saverio Caffarelli, Messaggi di meditazione cromo simbolica, ed. Lulu 2019

- Perché i figli della playstation hanno i denti storti, Renzo Ovidi, 2011, Terra Nuova
Michele Caffin, Quello che i denti raccontano di te, Amrita, 2006
- Nora Weeks, La vita e le scoperte di Edward Bach, Guna, 1996
- Mechthild Scheffer, Terapia con i fiori di Bach, TEA, Milano 1995
- Dietmar Krämer, Nuove terapie con i fiori di Bach, vol. I, Relazioni dei fiori tra loro. Fiori interiori ed esteriori, trad. it., Mediterranee, 2000
- Dietmar Krämer, Nuove terapie con i fiori di Bach, vol. II, Diagnosi e terapia attraverso la corrispondenza tra zone cutanee e fiori di Bach, trad. it., Mediterranee, 2000
- Dietmar Krämer, Nuove terapie con i fiori di Bach, vol. III, Meridiani dell'Agopuntura e fiori di Bach. Corrispondenze tra i binari. Terapie per i bambini con fiori di Bach. Mediterranee, 2000

- Ricardo Orozco, Nuovi orizzonti con i fiori di Bach, ed. Centro Benessere Psicofisico, Torino 2008
- Aromaterapia di Luca Fortuna – Davide Cantagalli editori associati
- Oli essenziali, gli aromi della salute di Stefania del Principe e Luigi Mondo – Giunti Demetra
- Antibiotici naturali di Petra Neumayer – edizioni Red!
- Tutto rimedi naturali – Giunti Demetra
- La Cromo-Terapia Simbolica, Saverio Caffarelli. 2012 - Lulu

Ringraziamenti

medicalinformati✦n.it

libreria scientifica

F.I.D.I.
Facilitazione Interiore
Dinamico-Interattiva

Dr. Saverio Caffarelli
●● ●●●●
Operatore F.I.D.I.
in Stile
Work-Life Change Coach

Studio On-Line:
Tel. 345 5813357
www.psicologiasaveriocaffarelli.it

Dr. Saverio Caffarelli

F.I.D.I. Formazione Interiore Dinamico-Interattiva.
Sono il **fondatore della F.I.D.I. e della Cromo-Terapia Simbolica**. Mi dedico alle persone per valorizzare le risorse e ottenere benessere personale e successo professionale.

Dopo **22 anni** di esercizio il 22/02/2022 ho lasciato la professione di **Psicologo/Psicoterapeuta** per dedicarmi interamente alla F.I.D.I. con un approccio scientifico nuovo e reale, basato sugli studi ed esperimenti della fisica quantistica.

Un riferimento importante è l'Entanglement che spesso sperimentiamo con le sincronicità.

Conduco **Sessioni in stile Work-Life Change Coach** On-line, in videochiamata su whatsapp, su skype o semplicemente al telefono: 3455813357 https://www.psicologiasaveriocaffarelli.it

www.ingramcontent.com/pod-product-compliance
Lightning Source LLC
Chambersburg PA
CBHW072145270326
41931CB00010B/1898